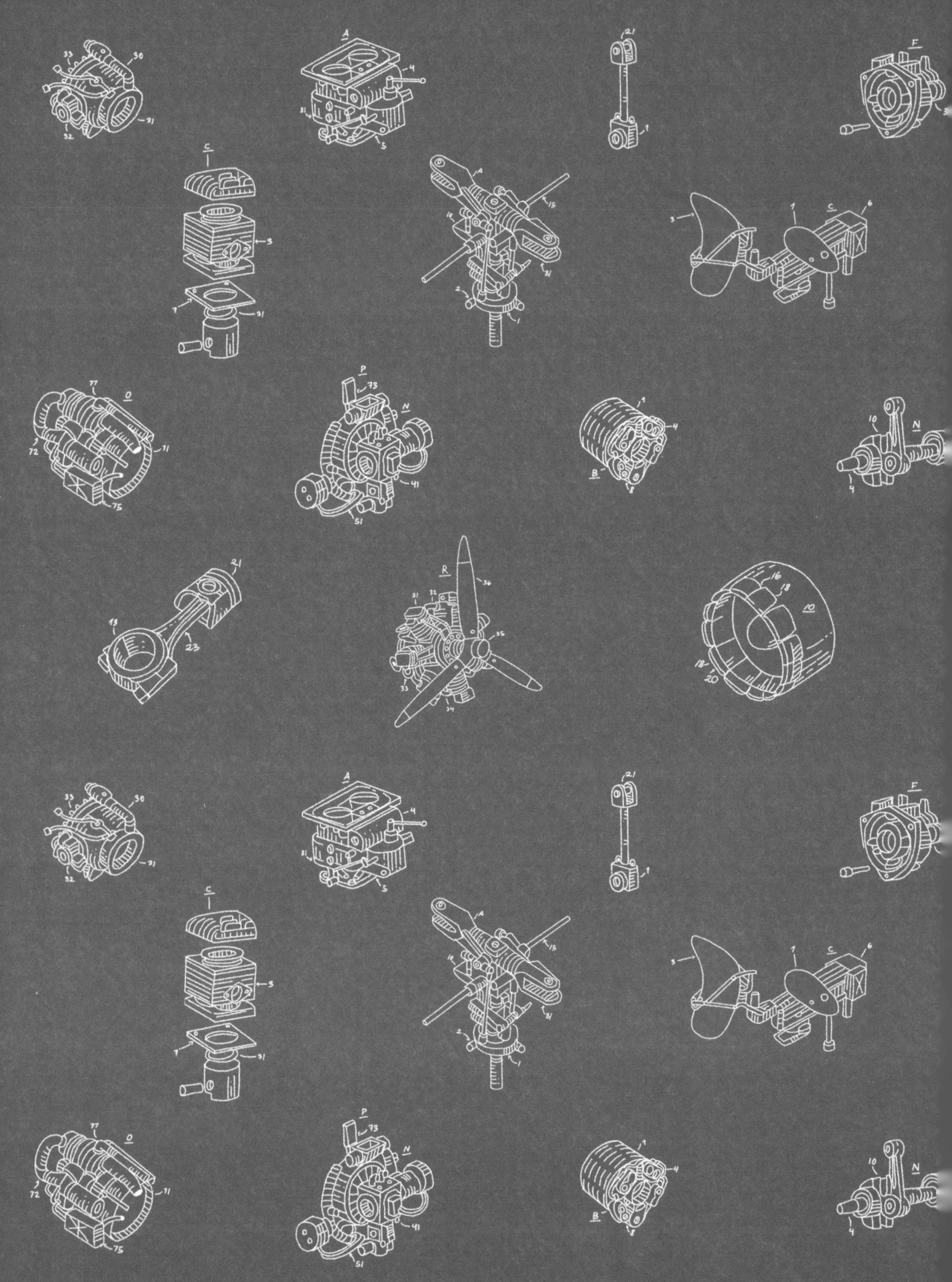

1.ª edición: mayo 2024

© Del texto y las ilustraciones: Juan de Aragón, 2024
Representado por Tormenta
www.tormentalibros.com
© Grupo Anaya, S. A., 2024
C/ Valentín Beato, 21. 28037 Madrid
www.anayainfantilyjuvenil.com

ISBN: 978-84-143-3633-5
Depósito legal: M-7362-2024
Impreso en España - Printed in Spain

PAPEL DE FIBRA
CERTIFICADA

Reservados todos los derechos. El contenido de esta obra está protegido por la Ley, que establece penas de prisión y/o multas, además de las correspondientes indemnizaciones por daños y perjuicios, para quienes reprodujeren, plagiaren, distribuyeren o comunicaren públicamente, en todo o en parte, una obra literaria, artística o científica, o su transformación, interpretación o ejecución artística fijada en cualquier tipo de soporte o comunicada a través de cualquier medio, sin la preceptiva autorización.

EL FISGÓN HISTÓRICO

LA LOCA HISTORIA de los TRANSPORTES

ANAYA

Unas palabras antes de empezar...

TIERRA 8

Carro a vela 10	Vehículos militares volantes 22
Coches a vapor 12	Motos militares raras 24
La Jamais Contente 14	Minicoches 26
El tanque triciclo 16	Kharkovchanka 28
Ruedas motorizadas 18	TC-497: un tren terrestre 30
El Pingüino 20	Vehículos de tornillo 32

AGUA 34

Naves de Nemi 36
Primeros submarinos 38
La Popovka, una nave redonda 40
Hidroalas y *jetfoils* 42
Submarino japonés: I-400 44
Aerodeslizadores 46
Ekranoplanos,
volando sobre las olas 48
Buque Dockwise Vanguard 50

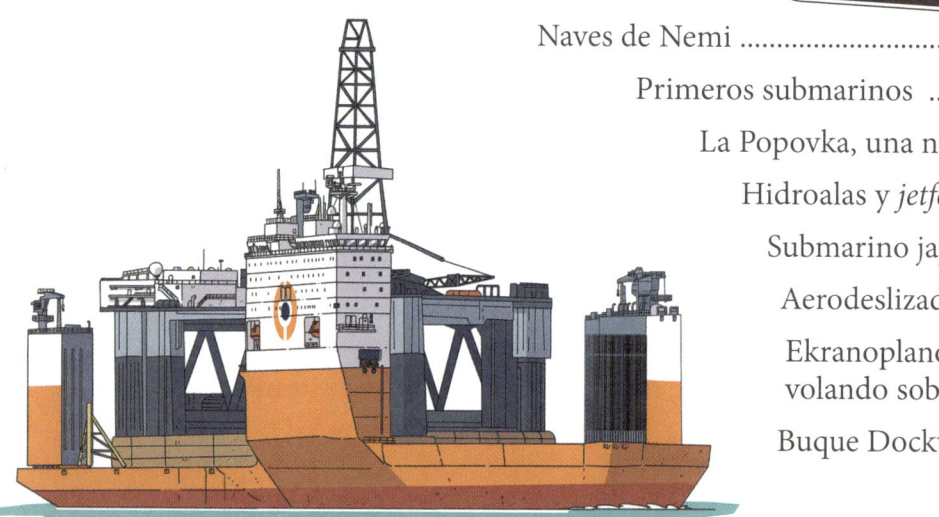

AIRE 52

El 14-Bis 54	VTOL: despegue vertical total 68
El USS Macon 56	XF-85 Goblin: un caza parásito 70
La era dorada de la aviación 58	El gigante Mil V-12 72
Autogiros 60	El Valkyrie 74
BV 141 62	Aero Spacelines Super Guppy 76
Platillos volantes 64	Plataformas volantes 78
Alas volantes 66	Convertiplanos: el V-22 80

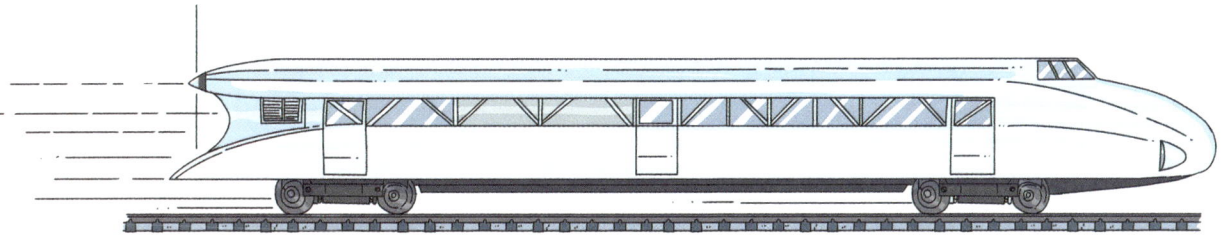

RAÍLES 82

El tren neumático 84
Trenes blindados 86
El Schienenzeppelin..................................... 88
Aerotrenes 90
El tren de levitación magnética 92

Glosario

UNAS PALABRAS ANTES DE EMPEZAR...

Este no es el típico libro de medios de transporte y, si lo has elegido entre los muchos otros que hay, es porque te gusta especialmente este tema y quieres saber más aún. Aquí vas a encontrar máquinas raras, prototipos disparatados, vehículos gigantes o, por el contrario, muy pequeños e incluso ridículos. Este es, sin duda, uno de los libros que siempre he querido hacer, y tengo la suerte de que llegue a tus manos para compartir contigo mi curiosidad de antes y la de ahora.

Cuando yo era niño tuve la fortuna de tener muchos libros en casa, y mis padres me compraban todos los que pedía. Siempre me gustaron los relacionados con la aviación, los trenes, los coches, los tanques blindados, los helicópteros y las naves espaciales. En concreto había dos que aún conservo como un tesoro y que están destrozados de tantas veces que los leí y que revisé sus increíbles ilustraciones o las fotografías que había en sus páginas.

Así que te propongo algo: lee este libro, vuelve a leerlo si te gustó, mira una y otra vez las ilustraciones y, si algunos de estos cacharros te parecen increíbles, pide a tus padres buscar fotografías a través de internet; entonces te habrás convertido en un curioso, o más bien en un fisgón, como lo soy yo.

POR TIERRA

CARRO A VELA

Eso de mover un vehículo sin necesidad de caballos, animales o fuerza humana es algo que ha interesado a la humanidad desde que somos capaces de construir carros, allá por finales del Neolítico, hace unos 5000 años. Pero ¿qué usar? Los humanos utilizamos la vela para navegar por el agua desde hace unos 3000 años. ¿Podría servir esta tecnología para mover un carro? Sabemos que esto ya se le ocurrió a alguien durante el siglo XI en la antigua China con bastante buen resultado, y los carros a vela se siguieron usando durante siglos, más como entretenimiento que como transportes serios. Durante el siglo XVI se continuaban dando paseos en estos coches, y los visitantes o identales dejaron constancia de ello en sus crónicas de viajes a Oriente.

Uno de los coches de vela más conocidos, ya que nos han llegado planos y detalles sobre cómo era este artilugio, es el construido por el inventor y científico flamenco Simon Stevin para deleitar al príncipe Mauricio de Orange y sorprender a sus invitados.

Stevin era un científico fabuloso y dominaba muchos campos, entre ellos la física y las matemáticas. Sus conocimientos le sirvieron para diseñar un sistema de dirección para su carro de vela.

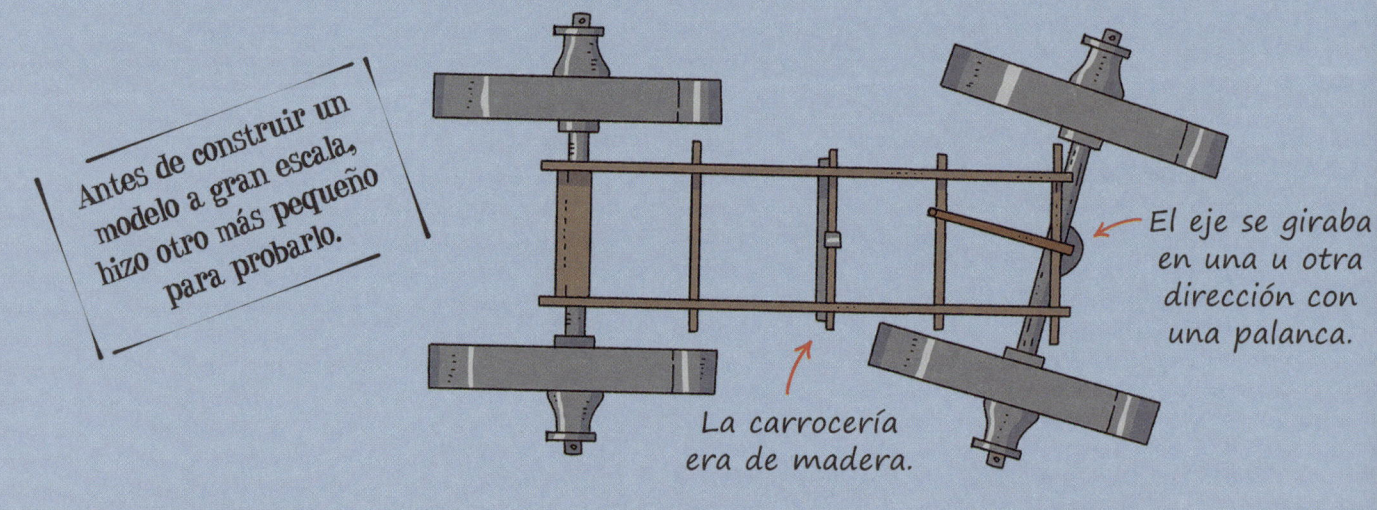

Antes de construir un modelo a gran escala, hizo otro más pequeño para probarlo.

El eje se giraba en una u otra dirección con una palanca.

La carrocería era de madera.

Este gran carro fue construido en 1603.

El carro de vela se usaba en las playas cercanas a La Haya, en la orilla del mar del Norte, donde había mucho espacio y viento suficiente.

Podía alcanzar los 50 km/h si había suficiente viento, bastante rápido teniendo en cuenta su tamaño.

Con 27 diplomáticos a bordo, hizo el recorrido desde Scheveningen hasta Petten, una distancia de aproximadamente 90 kilómetros, a unos 40 km/h.

Contaba con dos mástiles con velas, como los barcos.

En él podían viajar unas 25 personas, que se lo pasaban fenomenal a bordo de este trasto.

COCHES A VAPOR

Con la aparición de la máquina de vapor, un gran abanico de posibilidades se abrió para los ingenieros de todo el mundo. Su uso principal fue el industrial, ya que se pudieron crear grandes máquinas que se utilizarían en las fábricas, y el destinado al ferrocarril, con la llegada a comienzos del siglo XIX de las primeras locomotoras.

Si bien tenemos asociado el uso de las máquinas de vapor a los trenes, otros transportes terrestres también empleaban este sistema para desplazarse, como máquinas agrícolas destinadas a arar los campos o los primeros vehículos de pasajeros.

Su uso se fue popularizando en el siglo XIX, aunque dos pioneros se adelantaron a su época con sus inventos. Por un lado el capitán francés Cugnot y por el otro el inglés Trevithick inventaron los primeros vehículos terrestres de vapor, cada uno con un objetivo distinto.

Cugnot diseñó este vehículo en 1760. El ejército francés se interesó en él para transportar artillería, y en 1770 Cugnot construyó una versión mejorada. La Revolución francesa paralizó sus experimentos.

La idea era que recorriera 8 kilómetros arrastrando 4 toneladas, pero no se probó.

Podía llevar 4 personas y viajar a... 3 km/h.

Aquí iban los pistones y las bielas que hacían girar la rueda.

caldera para generar el vapor

En una prueba se estrelló contra un muro. ¡Se considera el primer accidente de automóvil de la historia!

En 1803 el ingeniero Richard Trevithick, con su primo Andrew Vivian, creó este coche a vapor. Es considerado el primer automóvil de pasajeros de la historia.

Era caro de operar comparado con un coche de caballos y fue desmantelado tras un accidente en el que salió disparado y chocó contra una valla.

Durante una prueba con pasajeros, recorrió unos 16 kilómetros de distancia a través de las calles de Londres a unos 13 km/h.

Podía llevar seis pasajeros.

lámpara

chimenea

Un sencillo manillar movía una única rueda delantera.

Un único pistón movía el mecanismo que hacía girar las ruedas.

Las ruedas traseras medían casi 2 metros y medio de altura.

En la parte trasera estaba la caldera y una persona iba subida en una plataforma desde la que echaba carbón.

LA JAMAIS CONTENTE

En los inicios del automovilismo, allá por finales del siglo XIX, todo era pura improvisación, las marcas de coches como tales no existían todavía y muchos inventores buscaban formas de que sus vehículos andasen. Como el vapor era demasiado complicado de emplear, algunos dotaron a sus automóviles con motores de explosión que utilizaban gasolina y que daban bastante buen resultado, aunque quizás eran un poco lentos aún. Otros comenzaron a experimentar con motores movidos por baterías eléctricas. Sí, has leído bien: ¡los coches eléctricos tienen ya más de un siglo de antigüedad! De hecho, durante la última década del siglo XIX y la primera del XX era normal ver coches eléctricos, sobre todo taxis, en algunas ciudades.

Pero esta historia no acaba ahí: en 1898, un inventor y piloto de carreras llamado Camille Jenatzy se empeñó en crear un coche eléctrico muy rápido para así hacer la competencia a otros constructores de coches.

La Jamais Contente, es decir, el 'Jamás Contento', se convirtió en 1899 en el primer automóvil en superar los 100 km/h. ¡Batió todos los récords de su época!

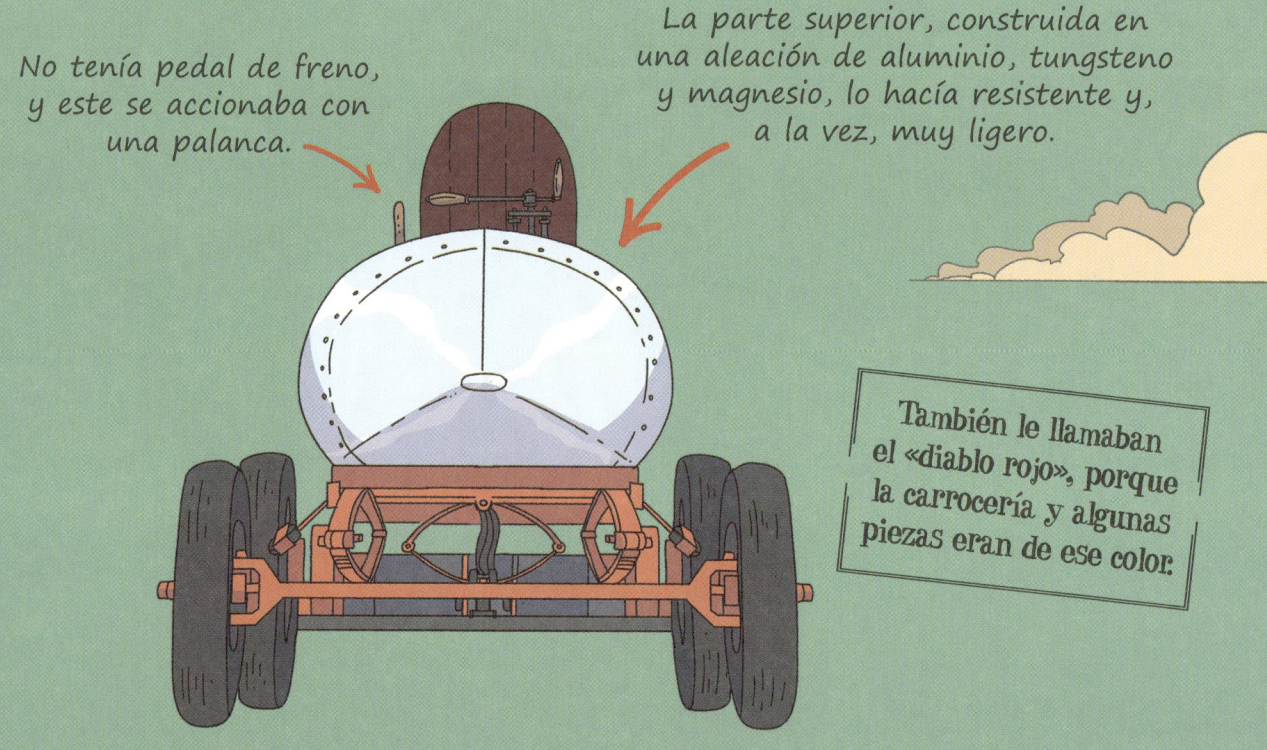

No tenía pedal de freno, y este se accionaba con una palanca.

La parte superior, construida en una aleación de aluminio, tungsteno y magnesio, lo hacía resistente y, a la vez, muy ligero.

También le llamaban el «diablo rojo», porque la carrocería y algunas piezas eran de ese color.

EL TANQUE TRICICLO

En 1915, en plena Primera Guerra Mundial, hizo aparición uno de los artilugios decisivos en futuros conflictos: el carro de combate. Este tipo de vehículo estaba pensado para avanzar a través de las trincheras y el fango, y lograr así ganar terreno al enemigo de una forma más rápida. Pero la cosa no fue tan fácil, ya que los primeros tanques eran muy lentos y pesados y se quedaban atascados en el barro; se convertían así en objetivos vulnerables.

Durante estos primeros años, ingenieros del Imperio ruso pensaron que quizás un vehículo enorme con grandes ruedas en vez de cadenas podría resultar eficaz para sortear las trincheras y el terreno lleno de cráteres. En 1915 un primer y único prototipo del supertanque salió de la fábrica para ponerlo a prueba. Lo que ocurrió a continuación no te sorprenderá: fue un fiasco y el proyecto se abandonó. Los tiempos convulsos en Rusia y la posterior Revolución de 1917 hicieron que tan curioso vehículo acabara abandonado en un bosque durante años.

El carro era una fortaleza andante llena de rendijas para mirar y disparar con diverso armamento.

Las ruedas delanteras medían casi 10 metros de diámetro.

Su velocidad máxima era de 15 km/h.

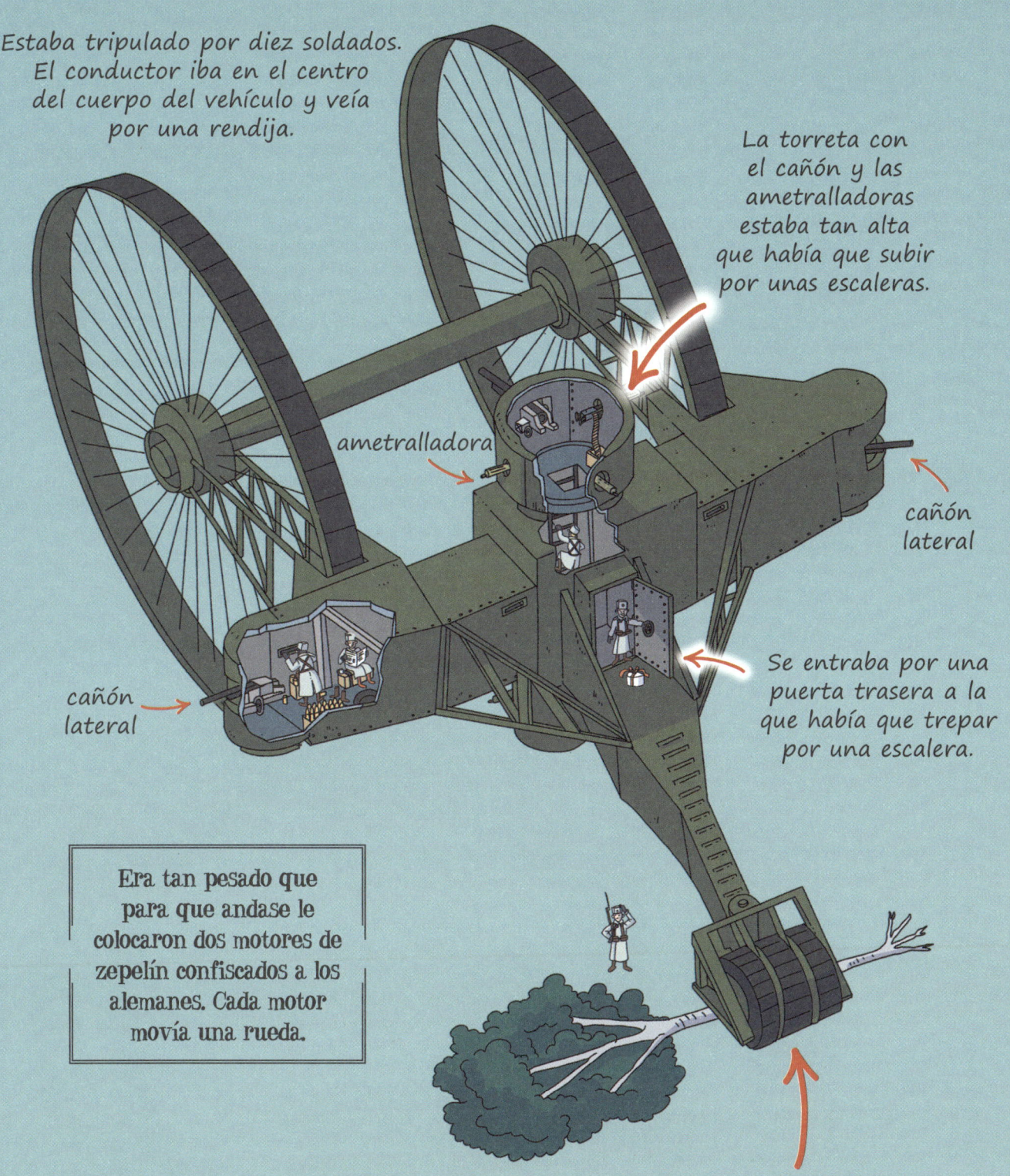

RUEDAS MOTORIZADAS

La rueda, esa cosa tan básica que nos lleva acompañando muchos siglos y que nos ha ayudado a hacer tantísimas cosas. Sabemos que se inventó en el Neolítico hacia el año 3200 a. C. y, aunque al principio se usó para moler el trigo, algunos siglos después se empleó para crear carretillas y carros cada vez más complejos tirados por bueyes o caballos.

Con la llegada del automóvil, la rueda siguió cumpliendo su función primigenia, pero... ¿y si el vehículo fuera la rueda en sí? Aunque parezca una locura, ya en el siglo XIX existen prototipos de ruedas movidas por pedales que, con mayor o menor éxito, fueron probados en distintos lugares del mundo. Con la llegada de los motores de gasolina y eléctricos, se llevó esta rareza a otro nivel. En la primera mitad del siglo XX, entre los años 20 y 40, surgieron varios intentos de ruedas motorizadas sin éxito, aunque con diseños alucinantes.

Una de las primeras ruedas andantes se inventó en 1863 en Francia y se movía con pedales de bicicleta.

Dynasphere

En 1930 e inspirado por un diseño de Leonardo Da Vinci, el inventor John Archibald Purves creó este vehículo.

Un motor de gasolina movía unos ejes conectados a unos raíles dentro de la rueda que provocaban que esta girase.

En su interior podían ir hasta dos pasajeros.

Era como viajar dentro de una rueda gigante.

Podía alcanzar 50 km/h.

Motorouta

La Motorouta, 'motorueda' en italiano, fue un diseño del electricista e inventor milanés Davide Cislaghi y se presentó en 1924.

Se dirigía inclinando la rueda a derecha e izquierda, mientras que el conductor permanecía en posición vertical. ¡Era muy ágil!

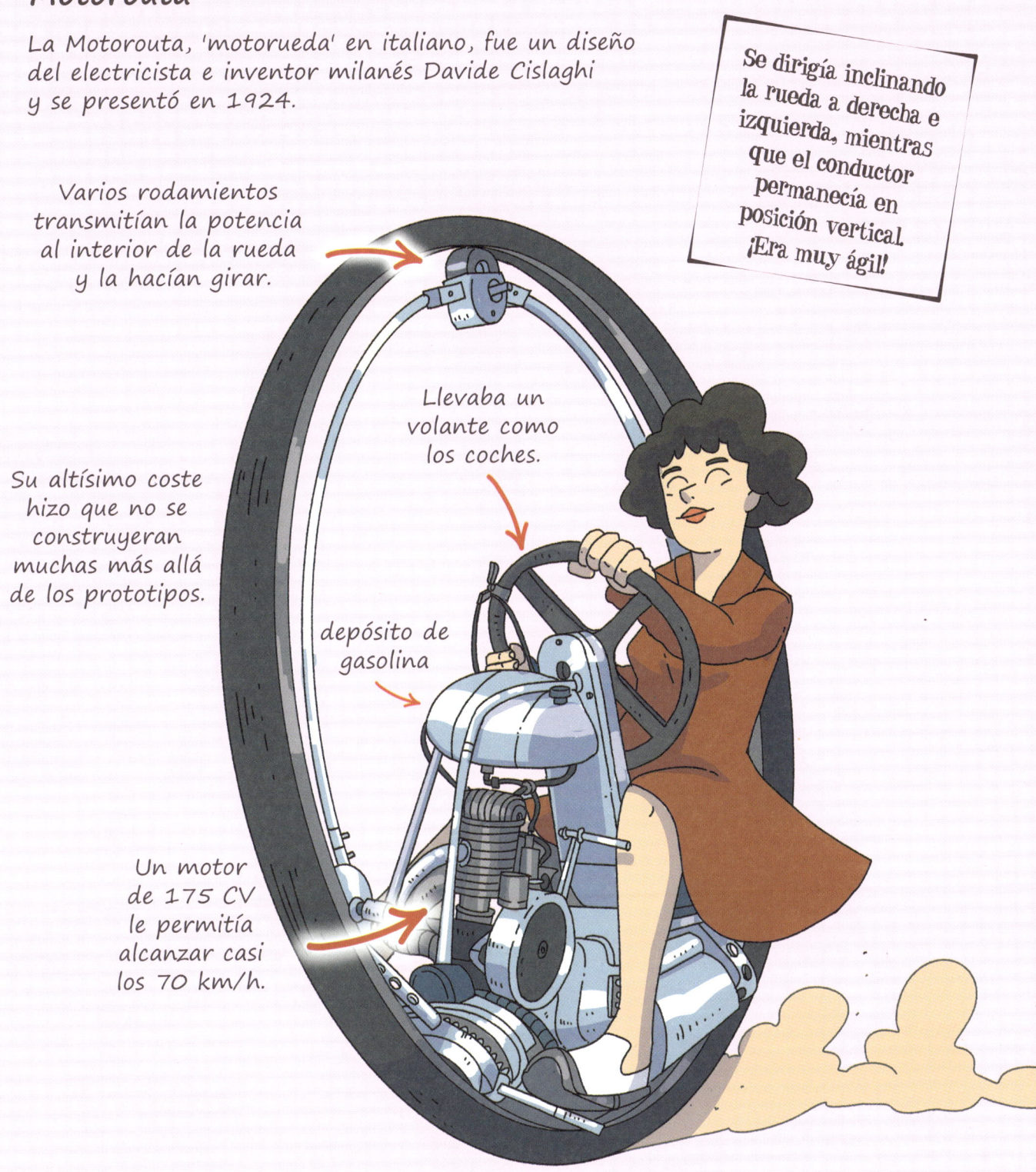

Varios rodamientos transmitían la potencia al interior de la rueda y la hacían girar.

Llevaba un volante como los coches.

Su altísimo coste hizo que no se construyeran muchas más allá de los prototipos.

depósito de gasolina

Un motor de 175 CV le permitía alcanzar casi los 70 km/h.

Durante su última aparición en Estados Unidos, en 1933, quedó destrozada en un accidente cuando el piloto logró alcanzar los 120 km/h.

EL PINGÜINO

Hasta hace poco menos de un siglo, ir a la Antártida, es decir, al Polo Sur, era una tarea casi imposible debido a problemas que la técnica de la época no lograba solucionar. Ya no la lejanía, sino el frío extremo, las ventiscas y las dificultades del terreno lo convertían en un reto que muy pocos se atrevían a superar.

En 1937 un explorador llamado Thomas Poulter tuvo una idea: ¿y si construían una especie de base móvil donde tener siempre lo necesario para sobrevivir? Dicho y hecho, en 1939 se construyó el Pingüino, un gigantesco vehículo que cumplía con todas las especificaciones. Sin embargo, el primer y único viaje que realizó en 1940 estuvo lleno de problemas: era demasiado pesado para algunas zonas, sus neumáticos lisos no funcionaban bien... Aunque cumplió en parte su misión, finalmente fue abandonado. En 1946 otra expedición lo encontró en perfecto estado, ¡incluso lo usaron de nuevo! Sin embargo, tras ser abandonado por segunda vez, este quedó dañado y actualmente descansa en un lugar desconocido de la Antártida.

Medía 17 metros de largo y unos 4 de alto.

Grúa para bajar la avioneta, mover cargas o sacar neumáticos de repuesto.

suministros, comida y agua

literas

cocina

herramientas

cabina del conductor

ruedas de repuesto

tanques de combustible

motor diésel

Encima del vehículo iba una avioneta Beechcraft Model 17. Tenía patines en vez de ruedas para aterrizar en la nieve.

antena de radio

Cada amortiguador era capaz de subir y bajar la rueda para sortear obstáculos.

Dentro del vehículo había calefacción que funcionaba aprovechando el líquido refrigerante del motor que pasaba caliente por unas tuberías. ¡Para dormir no necesitaban apenas mantas!

Esta misma calefacción calentaba los neumáticos para evitar que el frío los rompiese.

VEHÍCULOS MILITARES VOLANTES

A la industria militar le gusta innovar, ya que el campo de batalla es un lugar peligroso y lleno de retos en los que cualquier invento novedoso puede significar salvar vidas de soldados y alcanzar la victoria.

Durante la Segunda Guerra Mundial, el uso de tropas aerotransportadas se generalizó, y los soldados llegaban a la zona de operaciones lanzados en paracaídas desde aviones de transporte o a bordo de enormes planeadores remolcados por otros aviones. Durante este periodo se intentó enviar vehículos ligeros dentro de estos planeadores, pero no eran todavía capaces de cargar con ellos, así que los ingenieros se pusieron a trabajar para tratar de conseguir que vehículos terrestres, como coches o tanques ligeros, pudiesen volar de alguna forma para luego aterrizar en la zona de operaciones. ¿Y si equipaban un coche con aspas para que fuese remolcado por un bombardero? Parece una locura, pero esto se probó en 1943 con un pobre resultado.

Rotabuggy

Era un Jeep Willys con timón de cola y rotor. Al ser propulsado por otro avión, las palas giraban sin necesidad de motor.

Para aterrizar desenganchaban el cable y el Rotabuggy descendía suavemente ya que las palas seguían girando con la corriente de aire.

Podían viajar dos soldados.

timón de cola

cable de arrastre

En las pruebas no ascendió más de 200 metros, y el proyecto se abandonó al construirse planeadores capaces de cargar con vehículos como este.

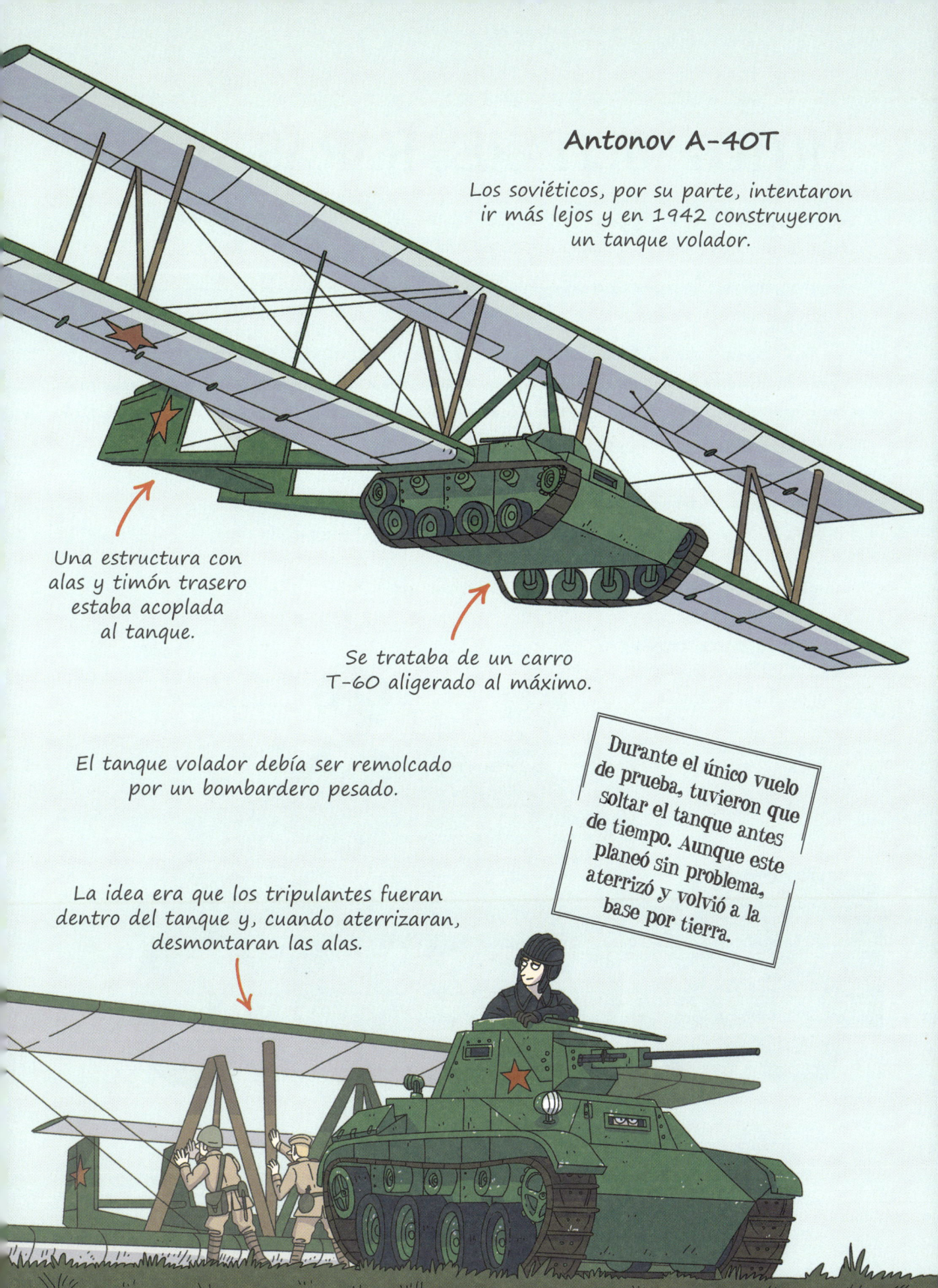

MOTOS MILITARES RARAS

Desde que apareció a finales del siglo XIX, la motocicleta ha despertado el interés de los ejércitos de muchos países al considerarse como una posible sustituta del caballo.

En 1916, durante la expedición del ejército de Estados Unidos contra los revolucionarios mexicanos liderados por Pancho Villa, se constató su utilidad como vehículo de reconocimiento.

En la Primera Guerra Mundial no solo se empleó para reconocer el terreno, sino también como medio rápido para entregar el correo y transportar armamento. Pronto se añadieron a las motos soportes para las ametralladoras o los sidecares, que podían llevar a un pasajero sentado al lado de la moto de forma más cómoda.

Sd.Kfz. 2 Kettenkrad

Esta motocicleta híbrida con cadenas se diseñó en 1939 en Alemania y estaba pensada para ser llevada en un avión o un planeador y apoyar a las tropas aerotransportadas.

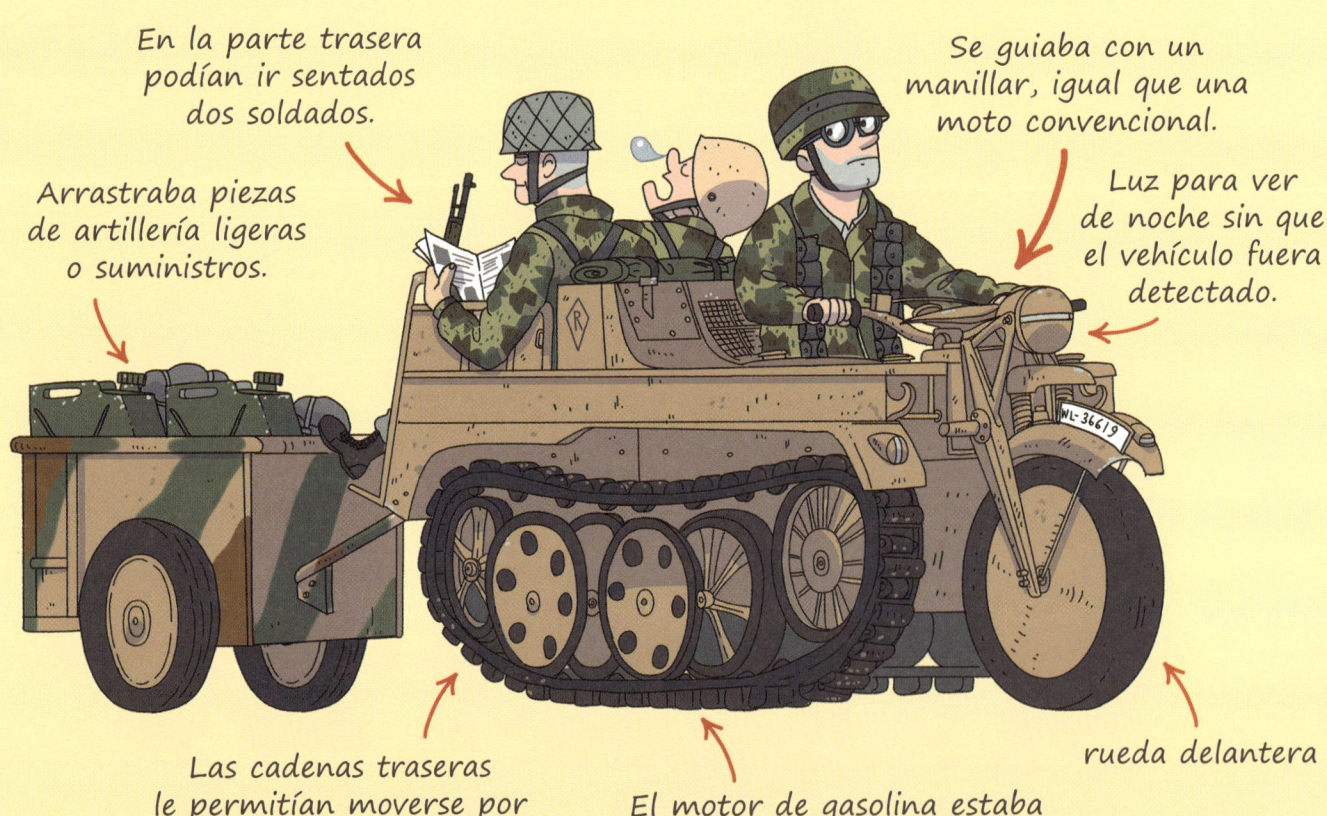

En la parte trasera podían ir sentados dos soldados.

Se guiaba con un manillar, igual que una moto convencional.

Arrastraba piezas de artillería ligeras o suministros.

Luz para ver de noche sin que el vehículo fuera detectado.

Las cadenas traseras le permitían moverse por terrenos complicados.

El motor de gasolina estaba en el centro del vehículo, que podía viajar a 70 km/h.

rueda delantera

Vespa 150 TAP

En los años 50 el ejército francés tuvo la idea de equipar a sus tropas aerotransportadas con cañones anticarro que eran muy pesados, así que los acoplaron a motos para lanzarlas en paracaídas y poder transportar el cañón por tierra.

Era una Vespa GS 150 adaptada para llevar el cañón y reforzada para no sufrir daños al ser tirada en paracaídas.

Se construyeron unas 600 motos anticarro.

trípode

cañón sin retroceso M20 de 75 mm

munición del cañón

También podía llevar un pequeño remolque con más munición o equipo.

El cañón no podía dispararse desde la moto directamente: había que quitarlo, colocarlo en su trípode y usarlo.

MINICOCHES

Después de una guerra o ante la falta de materias primas o combustible, lo mejor es pensar en pequeño. Después de la Segunda Guerra Mundial, la gente necesitaba poder moverse en vehículos que gastaran poco, y surgieron todo tipo de transportes de tamaño reducido, como la moto Vespa, el minicoche Biscúter diseñado en España o el italiano Fiat 500.

Pero no solo la posguerra hizo que aparecieran estos vehículos: la simple necesidad de un coche que se pudiera aparcar en cualquier sitio y fuera asequible para la mayoría propició la invención de los más pequeños jamás vistos, algunos directamente ridículos.

BMW 300 Isetta

Durante la posguerra, la alemana BMW quiso crear un coche barato y pequeño. En el Salón del Automóvil de Turín de 1954, la marca compró la licencia de un pequeño vehículo del inventor italiano Iso Rivolta.

portaequipajes para colocar una maleta

¡Era descapotable!

Se llegaron a fabricar casi 25000 en países como Italia, Alemania, Francia, Brasil o Argentina.

única puerta frontal

El volante se movía para poder entrar y salir.

asiento para conductor y acompañante

Algunos de sus apodos fueron: «huevo con ruedas», «tarro de yogur» o «huevito».

Tenía un motor de cuatro marchas y 298 c.c. de potencia. Alcanzaba los 85 km/h.

Peel P50

Si el Isetta es pequeño, el P50 lo supera y es probablemente el coche más pequeño jamás creado para circular por carretera.

Su tamaño era tan reducido y era tan ligero que cualquiera podía levantarlo de un extremo y llevarlo como una carretilla.

Tenía un pequeño motor de 49 c.c., como un ciclomotor o un cortacésped, y podía alcanzar los 60 km/h.

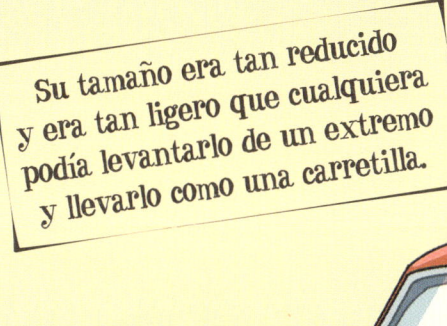

Solo cabía una persona en su interior.

Contaba con una única puerta lateral.

Llevaba solo tres ruedas.

¡No tenía marcha atrás!

Fue un fracaso comercial: se produjo entre 1963 y 1965 y se cree que solo se vendieron unas 50 unidades.

KHARKOVCHANKA

Durante los años 50, la Unión Soviética también quiso tener su propio vehículo de exploración antártica. Siguiendo la misma idea que tuvieron los estadounidenses con el Pingüino, debía ser una especie de campamento móvil para así llevar todo lo necesario para la expedición y que los tripulantes pudiesen viajar de manera más cómoda.

Así pues, en 1958 se comenzaron a construir tres vehículos en una factoría en la ciudad de Kharkov (Ucrania), ganándose así el apodo de «Kharkovchanka», que significa 'la chica de Kharkov'. En 1959 fueron transportados hacia el Polo Sur y durante años sirvieron a las expediciones, hasta que en 1975 se construyeron otros nuevos.

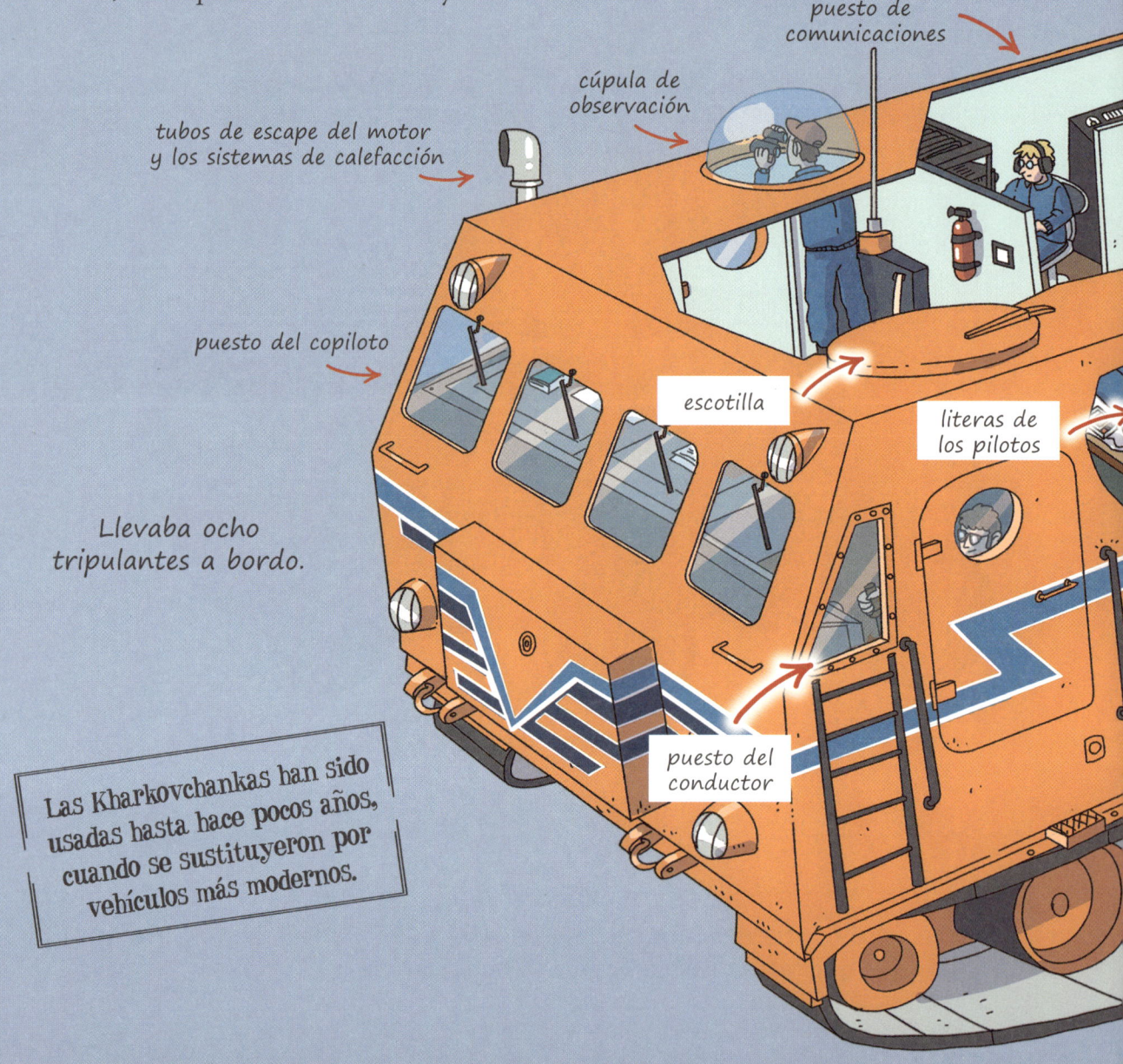

puesto de comunicaciones

cúpula de observación

tubos de escape del motor y los sistemas de calefacción

puesto del copiloto

escotilla

literas de los pilotos

Llevaba ocho tripulantes a bordo.

puesto del conductor

Las Kharkovchankas han sido usadas hasta hace pocos años, cuando se sustituyeron por vehículos más modernos.

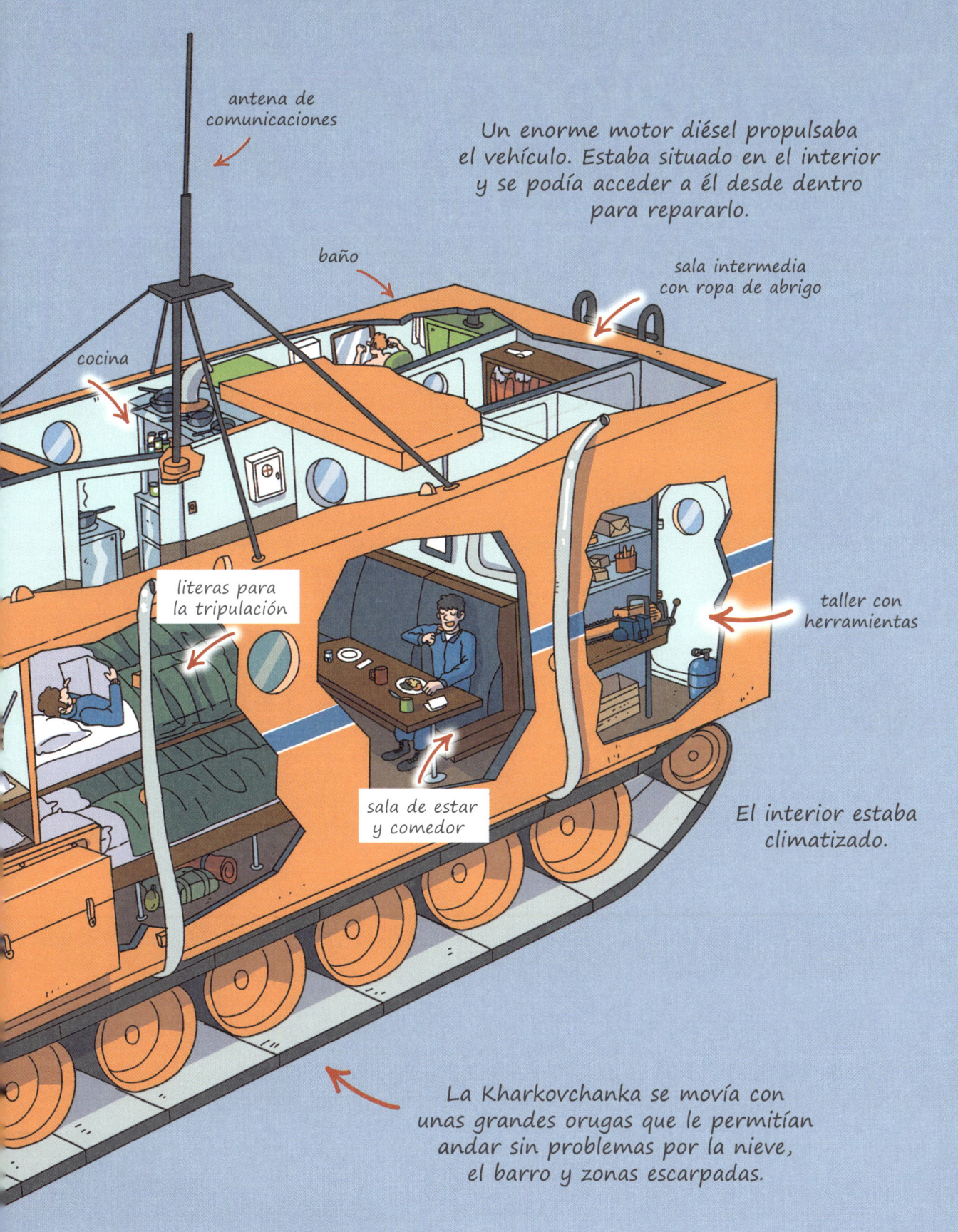

TC-497: UN TREN TERRESTRE

Durante los años 50, y de nuevo con la Guerra Fría como trasfondo, los Gobiernos de Estados Unidos y Canadá decidieron instalar una serie de estaciones de radar en el círculo polar ártico con el objetivo de controlar las aeronaves soviéticas que se acercaban a Norteamérica. Este sistema de alerta temprana se situaría en lugares remotos y helados de Canadá y Alaska, e incluso en Groenlandia e Islandia.

Mientras proyectaban la construcción de estas estaciones de radar, surgió un problema: ¿cómo llevar a lugares tan remotos y aislados grandes cantidades de suministros y material? Así pues, se encargó a la empresa LeTourneau, con experiencia construyendo maquinaria de gran tamaño, la creación de un vehículo que cumpliera con las necesidades... ¡Y menudo vehículo! Se trataba de una especie de tren-camión todoterreno capaz de recorrer hasta 600 km arrastrando unas 150 toneladas de carga.

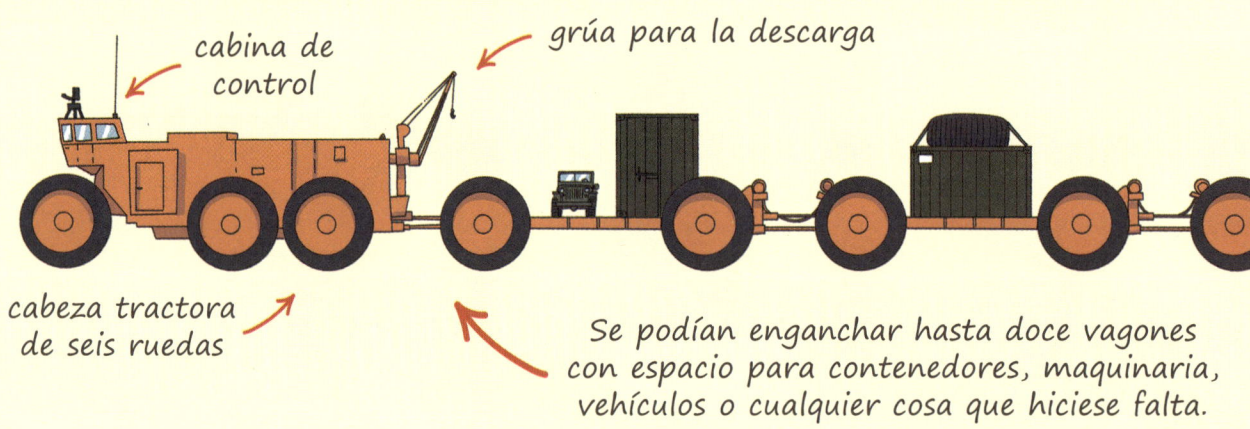

cabina de control

grúa para la descarga

cabeza tractora de seis ruedas

Se podían enganchar hasta doce vagones con espacio para contenedores, maquinaria, vehículos o cualquier cosa que hiciese falta.

Este vehículo estaba pensado para el Ártico, y las pruebas que se hicieron dieron excelentes resultados. Sin embargo, jamás salió del desierto de Arizona donde se probó, ya que el proyecto se abandonó al preferir el ejército invertir en helicópteros de carga pesados.

El convoy entero con todos sus vagones medía 150 metros de largo, ¡un auténtico tren terrestre!

En el proyecto se incluía un pequeño reactor nuclear en uno de los vagones para proporcionar electricidad de forma casi indefinida; sin embargo, esto no se llegó a hacer.

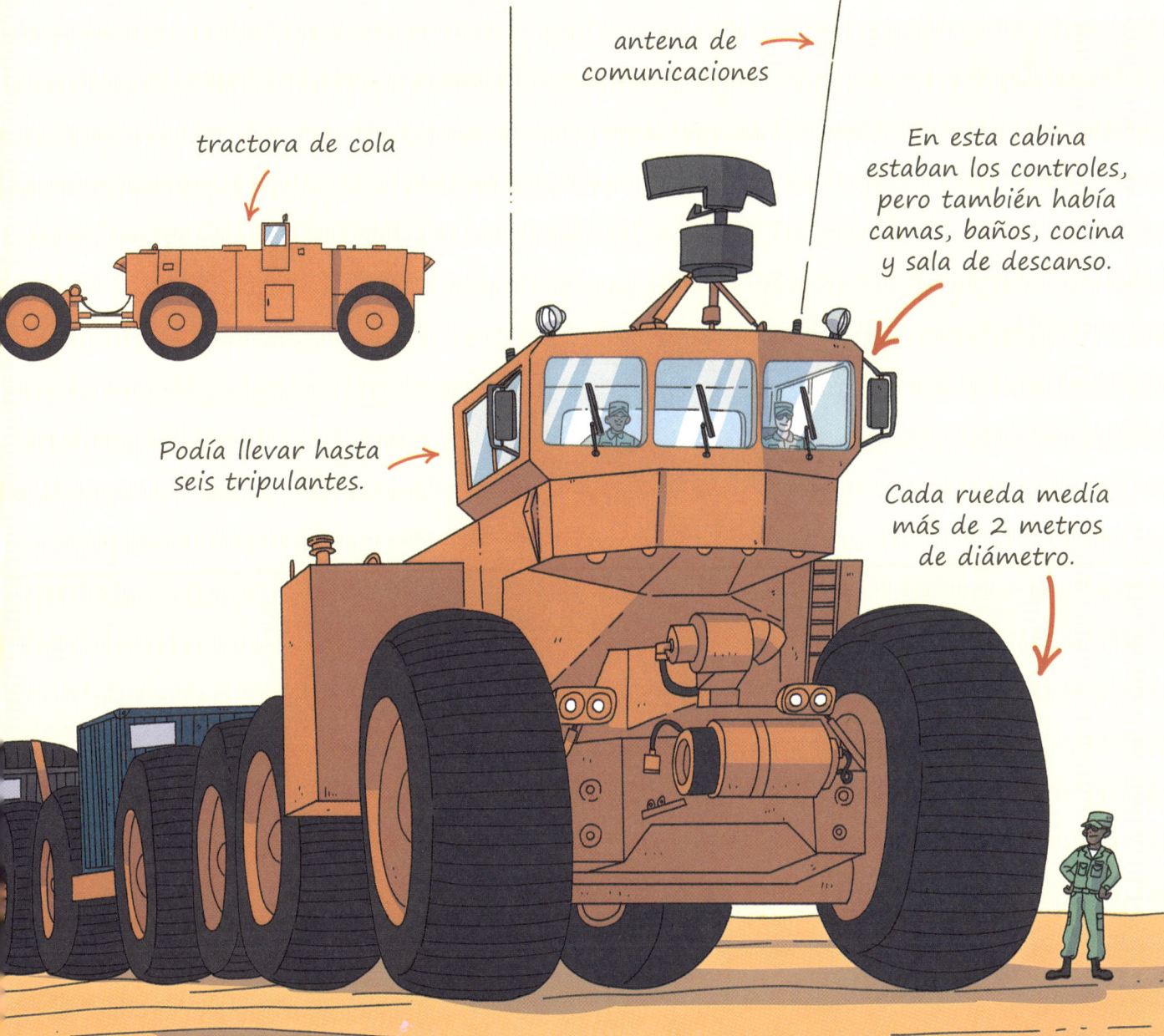

tractora de cola

antena de comunicaciones

En esta cabina estaban los controles, pero también había camas, baños, cocina y sala de descanso.

Podía llevar hasta seis tripulantes.

Cada rueda medía más de 2 metros de diámetro.

VEHÍCULOS DE TORNILLO

A finales del siglo XIX, varios inventores, como Jacob Morath, experimentaron con el uso de tornillos de Arquímedes rotatorios como método de tracción para vehículos agrícolas. ¿Por qué estos tornillos? Fácil, funcionaban bien en terrenos difíciles.

Durante el siglo XX, a partir de los años 20, se fue desarrollando esta tecnología para lograr construir un vehículo anfibio, capaz de ir por la nieve, por el fango e incluso por el agua. Fue en la entonces Unión Soviética donde se crearon un montón de anfibios de este tipo. Siberia es un lugar frío con hielo y nieve en invierno, pero lleno de barro, pantanos y humedad en verano. ¿Qué mejor que un vehículo que anda por cualquier sitio?

ZIL-2906

Se comenzó a fabricar a partir de 1975 y hoy en día se sigue usando.

Una de sus utilidades es la de rescate de las cápsulas espaciales rusas, las Soyuz, que caen con paracaídas en Siberia a veces en lugares poco accesibles.

Es pequeño y ligero, y funciona en el agua también gracias a los cilindros huecos con forma de tornillo.

La nieve es otro de los elementos donde mejor se mueve este vehículo. Barro, nieve, agua... ¡Es casi imparable!

ZIL-4904

Cada cilindro tiene un motor independiente y su propia palanca para controlar la potencia y el giro.

zona de carga

cabina del conductor

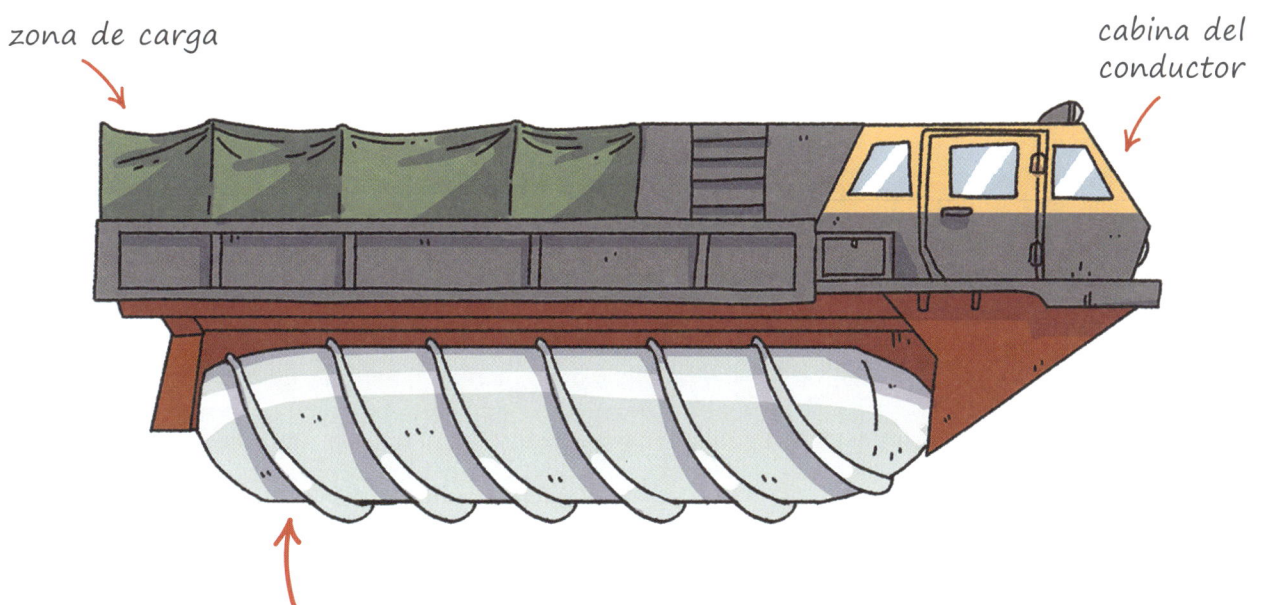

Los cilindros giran propulsando el vehículo y puede dirigirse haciendo que cada uno rote en una dirección distinta.

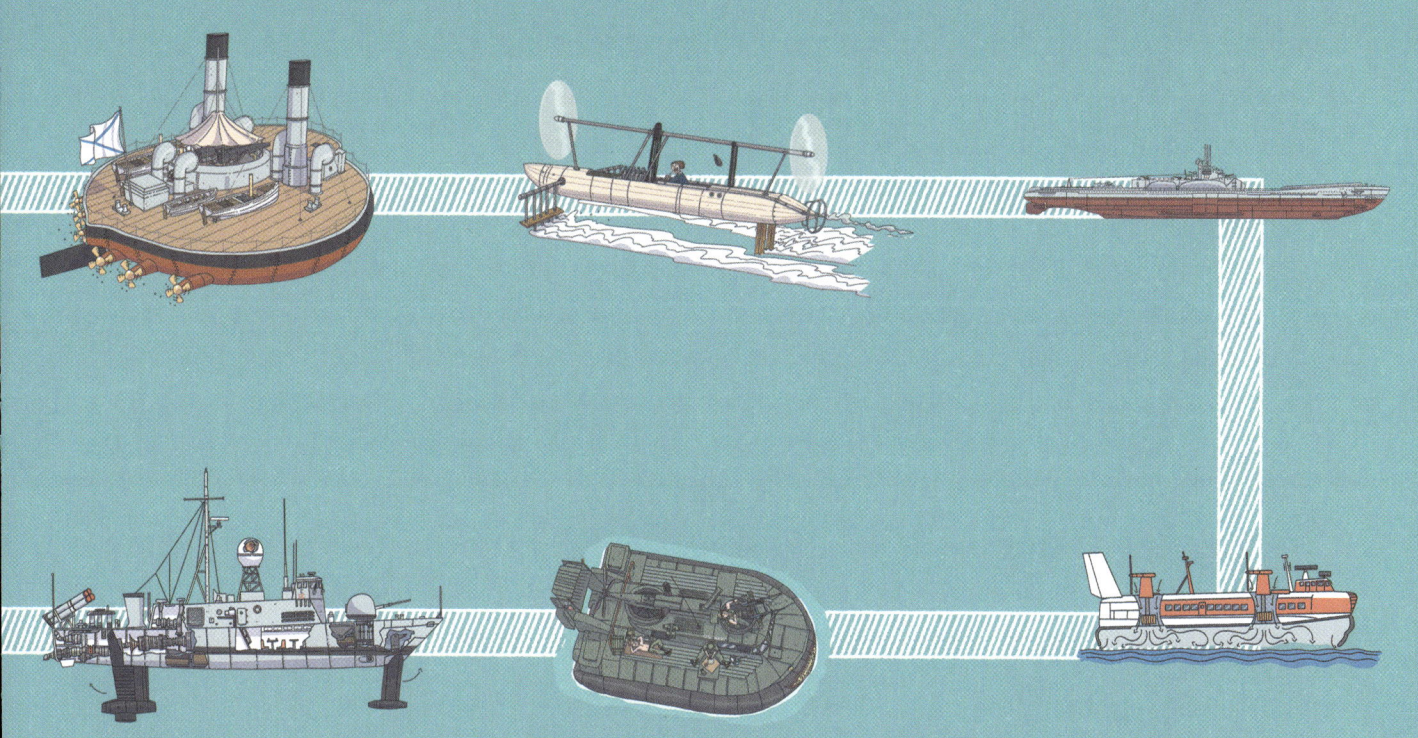

POR AGUA

NAVES DE NEMI

El emperador romano Cayo Julio César Augusto Germánico, más conocido por su apodo Calígula, que reinó el Imperio entre los años 23 y 41 d. C. fue un personaje cuanto menos peculiar. Si bien hay mucha leyenda a su alrededor, es cierto que tenía gustos extravagantes y era aficionado a las fiestas y a la ostentación... Sabemos por las crónicas que Calígula, en un alarde de lujo y derroche, mandó construir unos enormes barcos que navegaban por el lago de Nemi, a unos 30 kilómetros de Roma, donde se celebraban enormes fiestas. Pero no eran barcos cualesquiera: estaban decorados con esculturas, pinturas, mosaicos, columnas... ¡Palacios flotantes!

Si bien durante el siglo XVI ya se consiguieron ver algunos restos, fue en 1929 cuando el Gobierno de Benito Mussolini decidió drenar el lago y sacar dos de esos gigantescos palacios flotantes. Por desgracia, en 1944, durante la Segunda Guerra Mundial, los restos que estaban expuestos fueron destruidos para siempre.

Seconda Nave

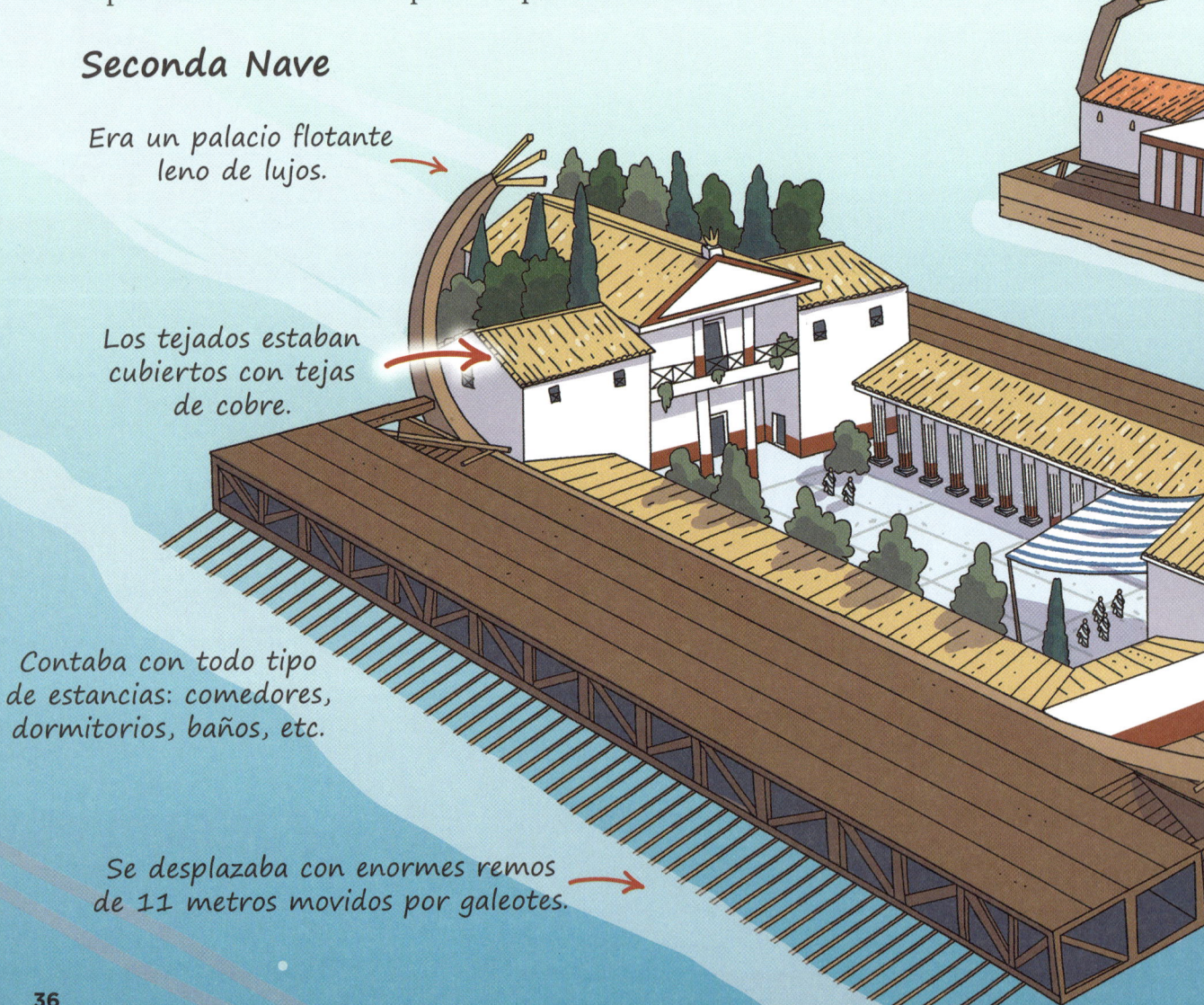

Era un palacio flotante leno de lujos.

Los tejados estaban cubiertos con tejas de cobre.

Contaba con todo tipo de estancias: comedores, dormitorios, baños, etc.

Se desplazaba con enormes remos de 11 metros movidos por galeotes.

Prima Nave

Esta nave era un templo flotante dedicado a la diosa romana Diana. No sabemos exactamente cómo era ninguna de las embarcaciones, pero podemos hacernos una idea gracias a los restos encontrados en 1929.

Se cree que ambas naves fueron hundidas a propósito tras el asesinato de Calígula. ¡No querían tener nada que le recordase!

¡En su interior había termas con agua caliente!

¡Medía 70 metros de largo!

templo de Diana

No tenía remos, por lo que parece que debía ser remolcada.

Su casco era de madera.

Se cree que existe un tercer barco aún en el fondo del lago.

¡Medía 73 metros de eslora!

PRIMEROS SUBMARINOS

Navegar por debajo del agua sin ser detectado y atacar por sorpresa ha sido el sueño de cualquier marina de guerra durante siglos; sin embargo, hasta la aparición de submarinos que realmente funcionasen, como el de Isaac Peral a finales del siglo XIX, esto no era del todo posible. Los submarinos han sido un arma muy importante desde la Primera Guerra Mundial, y hoy existen algunos enormes propulsados por energía nuclear que pueden permanecer bajo el mar durante meses. Los primeros submarinos de guerra eran, agárrate, ¡accionados por músculo humano!

El primer submarino de guerra fue creado en 1776 por el inventor David Bushnell y se ideó para atacar a los barcos británicos que bloqueaban el puerto de Nueva York durante la guerra de Independencia norteamericana. Sin embargo, parece ser que el invento no funcionó muy bien y Bushnell desapareció, dicen, por la vergüenza que le produjo su fracaso.

Submarino Turtle

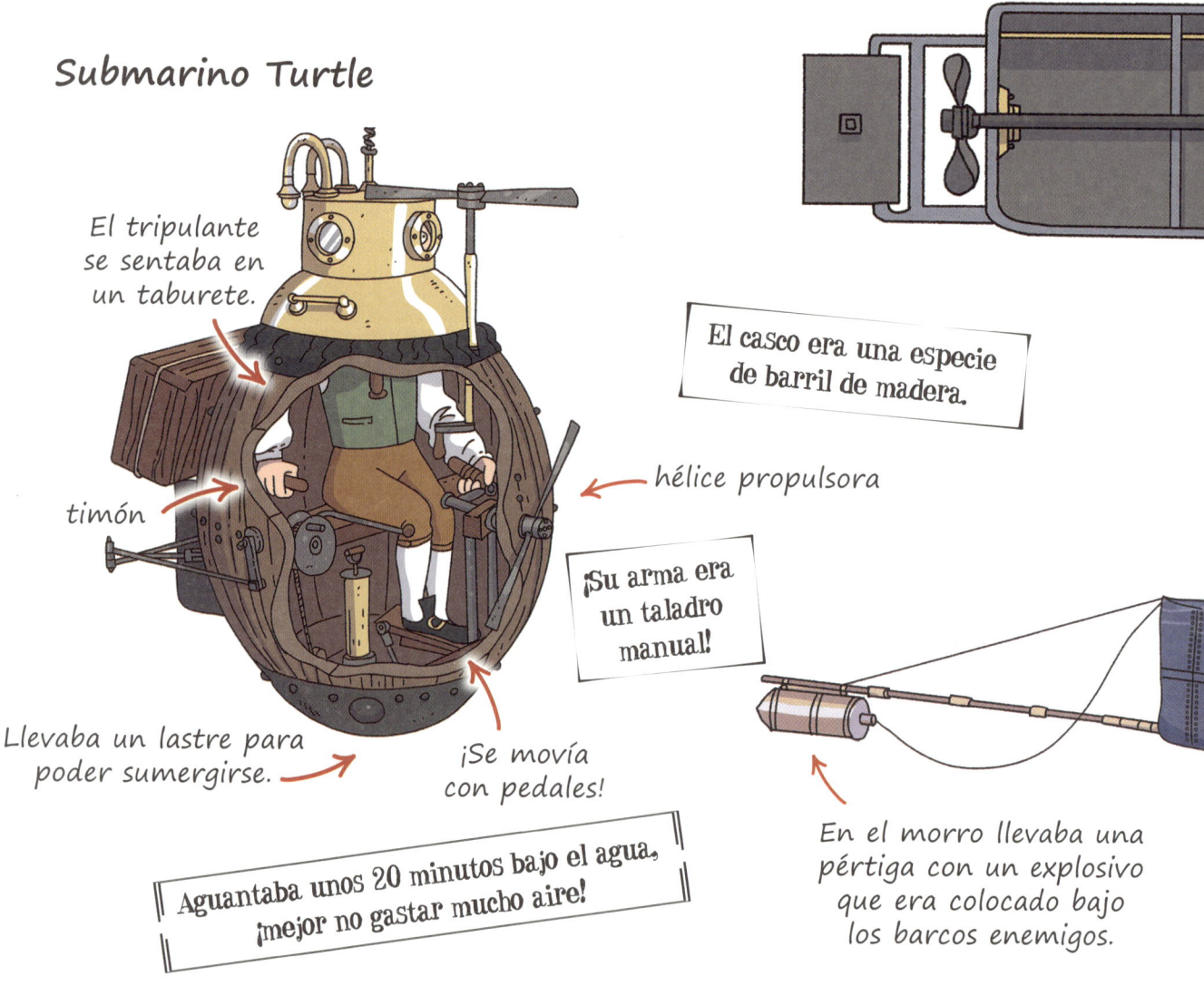

El tripulante se sentaba en un taburete.

El casco era una especie de barril de madera.

timón

hélice propulsora

¡Su arma era un taladro manual!

Llevaba un lastre para poder sumergirse.

¡Se movía con pedales!

Aguantaba unos 20 minutos bajo el agua, ¡mejor no gastar mucho aire!

En el morro llevaba una pértiga con un explosivo que era colocado bajo los barcos enemigos.

CSS Hunley

Otro ingenio norteamericano fue el CSS Hunley, construido por el inventor H. L. Hunley, que en 1863, durante la guerra de Secesión de Estados Unidos, diseñó este submarino para atacar a sus enemigos del Norte.

Se desplazaba gracias a una hélice que movían los marineros con una larga manivela.

Un marinero dirigía la nave con un timón mirando por un pequeño ventanuco.

Medía 12 metros de largo.

lastre de piedras y agua para sumergirse

Tenía un tubo de aire para que los tripulantes pudiesen respirar mientras viajaba bajo la superficie.

Se cree que se destruyó en una explosión durante el ataque a un barco. En 1995 los arqueólogos encontraron sus restos.

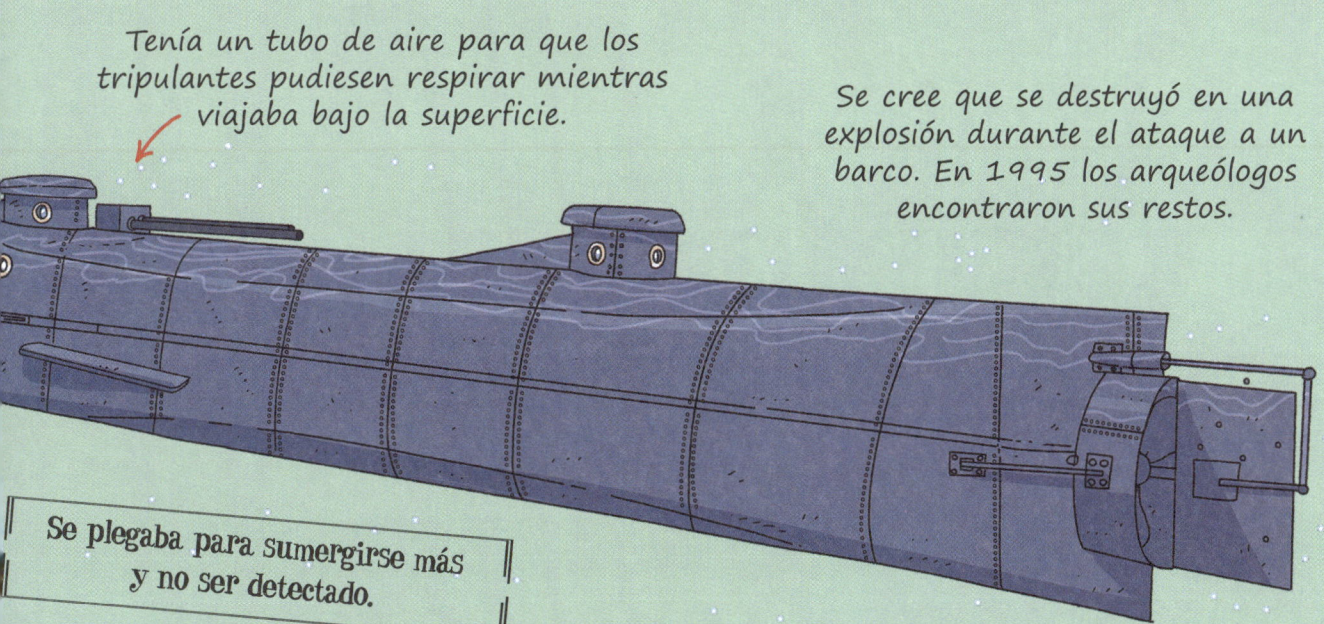

Se plegaba para sumergirse más y no ser detectado.

LA POPOVKA, UNA NAVE REDONDA

Pero ¿qué es esto? ¡¿Una cañonera redonda como una tortilla?! Bueno..., no exactamente. Las conocidas como «Popovkas» eran realmente baterías de artillería flotantes y estaban diseñadas para ser situadas en un lugar concreto y luego desplazarse si era necesario. ¿Qué historia hay detrás de estas curiosas naves?

Estamos en 1856 y, después de tres años de combates, Rusia ha perdido la guerra de Crimea. Tras la derrota, los vencedores prohibieron a los rusos tener una flota de barcos grandes en el mar Negro, aunque sí les permitieron barcos pequeños con funciones defensivas. Así que en 1871 el ingeniero y vicealmirante Andréi Aleksándrovich Popov tuvo la feliz idea de diseñar esta batería flotante de un tamaño reducido para así burlar la prohibición..., y de ahí el apodo de Popovka en honor a su creador.

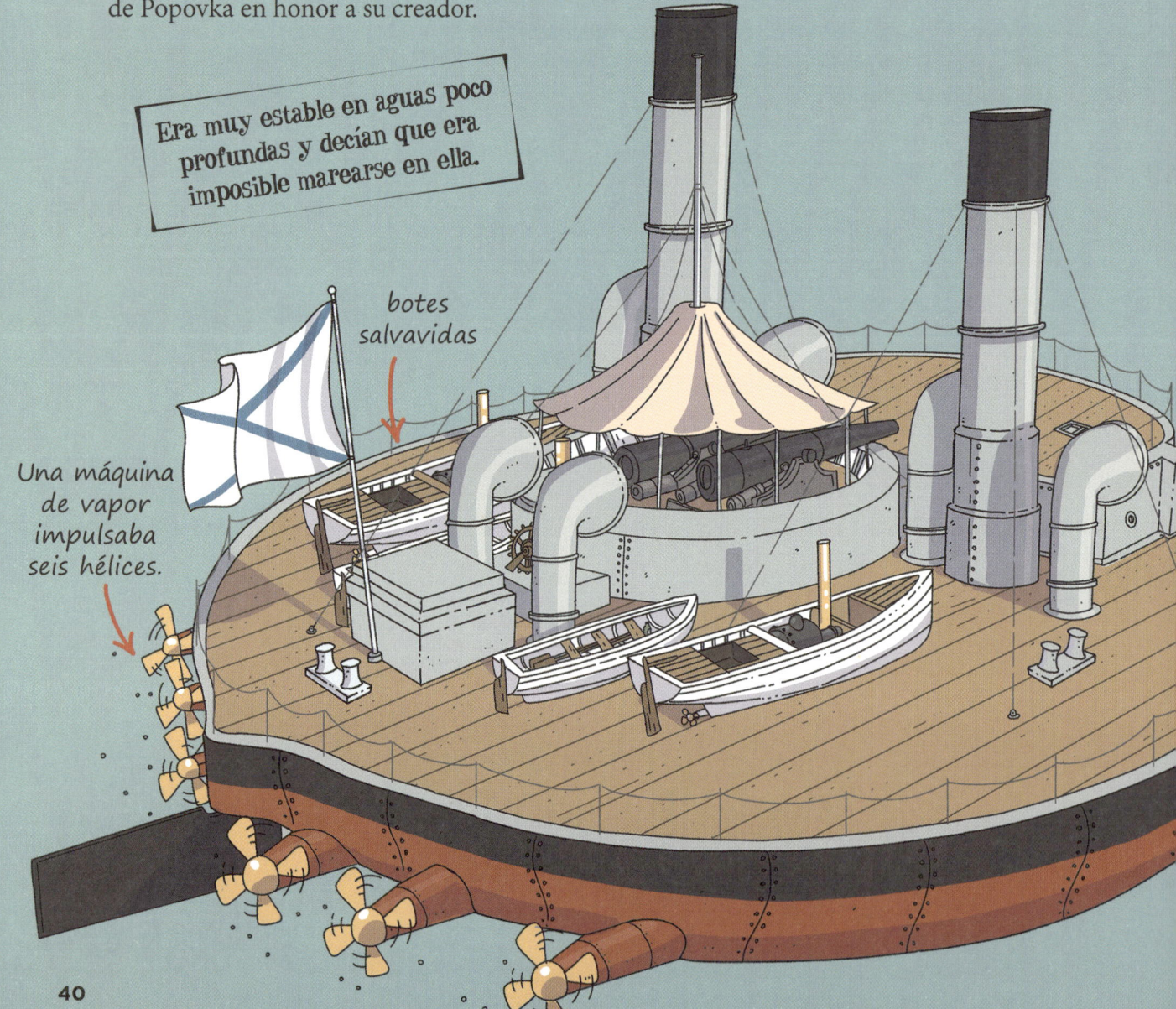

Era muy estable en aguas poco profundas y decían que era imposible marearse en ella.

botes salvavidas

Una máquina de vapor impulsaba seis hélices.

Solo se construyeron dos: la Novgorod en 1873 y la Vicealmirante Popov en 1875. Estuvieron en servicio patrullando las aguas del mar de Azov, el río Dniéper e incluso el río Danubio.

Y aunque pudieron ver algo de acción en la guerra ruso-turca (1877-1878) cuando fueron destinadas a defender la ciudad de Odesa con sus cañones, jamás entraron en combate.

Ambas naves estuvieron en servicio hasta 1903, cuando fueron reutilizadas como almacén en un puerto. Finalmente las desguazaron en 1911, siendo probablemente las naves más curiosas y pacíficas que surcaron aquellas aguas.

Las dos naves no eran exactamente iguales: la Vicealmirante Popov tenía más blindaje y una estructura extra en su cubierta.

Eran bastante lentas, torpes y con tendencia a girar sobre sí mismas... ¡sobre todo al disparar!

Su casco de acero era redondo y bajo para ofrecer poca resistencia a las corrientes marinas y ofrecer un blanco más pequeño.

Cada nave tenía dos cañones de 279 mm situados en una plataforma que giraba para así poder apuntar en todas direcciones.

HIDROALAS Y *JETFOILS*

En 1898, el inventor italiano Enrico Forlanini andaba dándole vueltas a una idea: ¿y si hubiese un barco que tuviera poca superficie para ir más rápido? Dicho y hecho, durante la primera década del recién estrenado siglo XX, construyó varios prototipos con unos resultados increíbles. Su hidroala, como se le comenzó a llamar, alcanzaba grandes velocidades al ofrecer muy poca resistencia al agua. ¡Iba casi volando!

Tras la estela de Forlanini, otros inventores mejoraron su idea. Ya en los años 50 se hicieron nuevos avances en este campo con la inclusión de potentes motores de turbina que hacían que los hidroalas fueran más lejos y más rápido. Estos son conocidos como *jetfoil*.

Hidroala

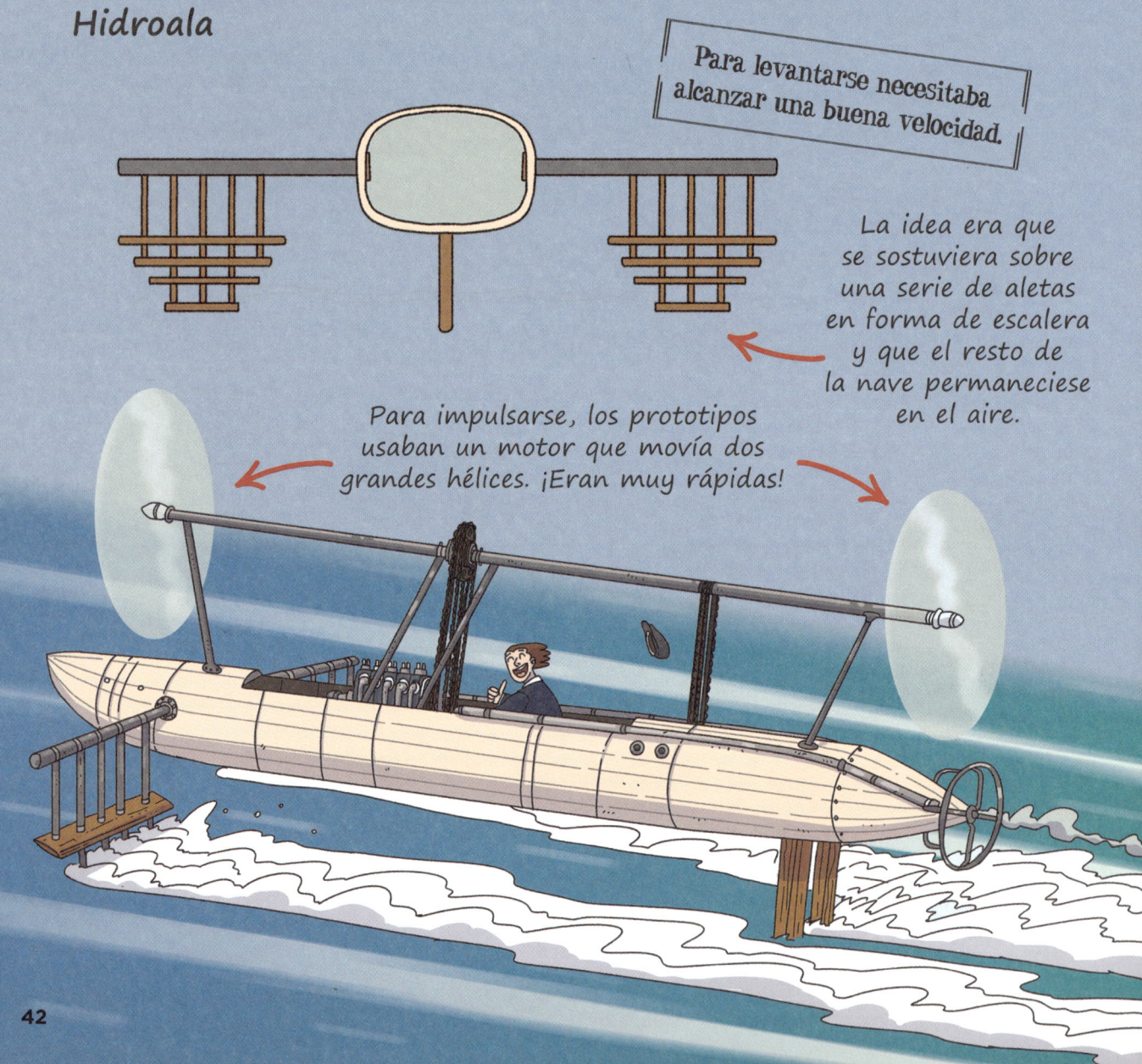

Para levantarse necesitaba alcanzar una buena velocidad.

La idea era que se sostuviera sobre una serie de aletas en forma de escalera y que el resto de la nave permaneciese en el aire.

Para impulsarse, los prototipos usaban un motor que movía dos grandes hélices. ¡Eran muy rápidas!

Jetfoil Boeing 929

Uno de los *jetfoil* más exitosos es este modelo de pasajeros.

Alcanza velocidades de 80 km/h, muy rápido para ser un barco.

Puede llevar hasta 350 pasajeros.

Cuando alcanza velocidad suficiente, se eleva sobre las alas que hay bajo el agua.

Está propulsado por un chorro de agua generado por unas potentes turbinas que introducen aire del exterior y lo expulsan a gran presión.

Jetfoil clase Pegasus

Entró en servicio para la armada estadounidense en la década de 1970. Estaba pensado para patrullar y atacar de forma veloz a barcos enemigos. No duró mucho en servicio por culpa de sus altos costes de mantenimiento.

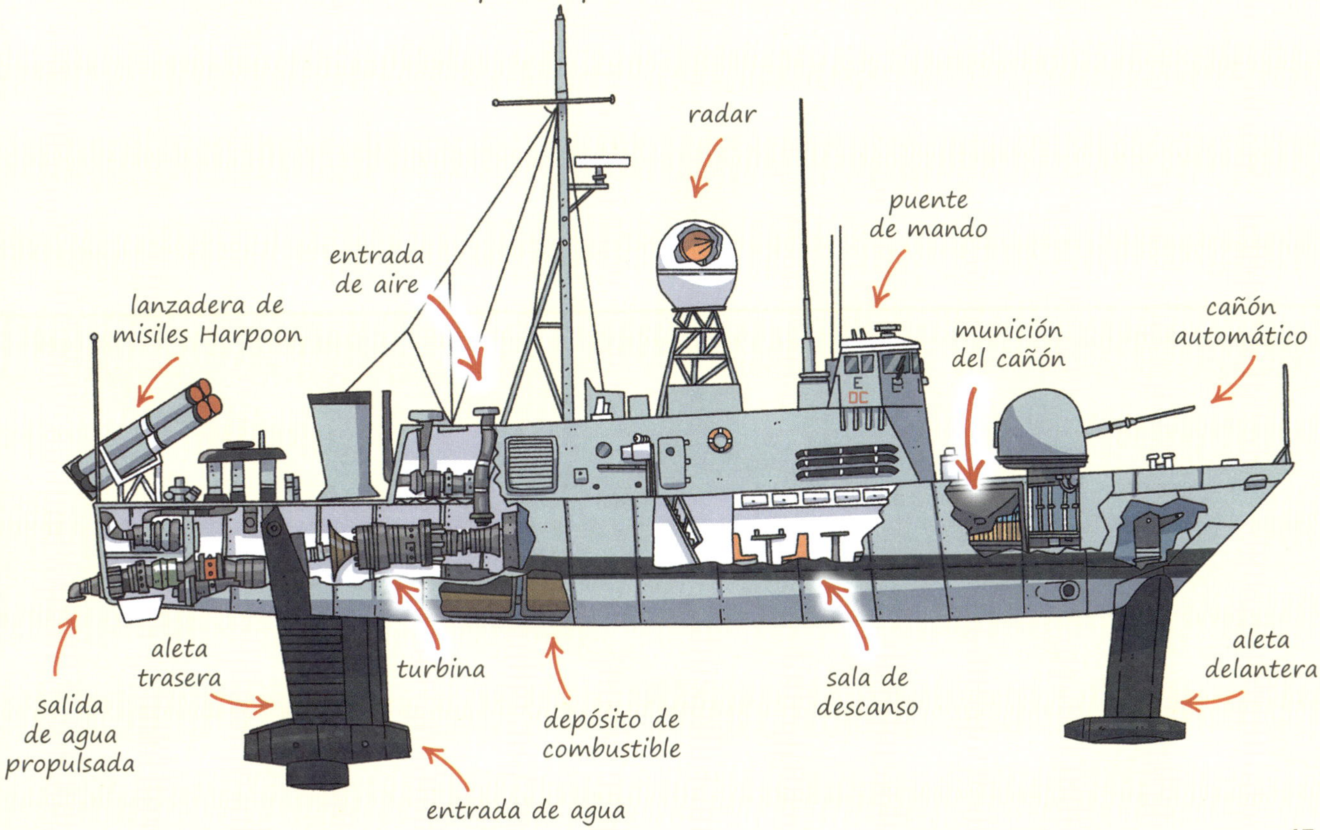

- radar
- puente de mando
- entrada de aire
- lanzadera de misiles Harpoon
- munición del cañón
- cañón automático
- salida de agua propulsada
- aleta trasera
- turbina
- depósito de combustible
- entrada de agua
- sala de descanso
- aleta delantera

SUBMARINO JAPONÉS I-400

Ya hemos visto como el arma submarina gozó de un enorme éxito tanto en la Primera como en la Segunda Guerra Mundial. Las manadas de submarinos alemanes, los conocidos como U-Boot, causaban estragos en los convoyes aliados que llevaban suministros a Europa desde América. También, en la guerra que se libraba en el Pacífico, los japoneses usaron submarinos: desde los más pequeños tripulados por pocos hombres a otros enormes capaces de atacar a los acorazados norteamericanos.

Pero ¿qué pasa si mezclamos un portaaviones y un submarino? Pues que sale una cosa tan rara como el I-400 construido por Japón en la Segunda Guerra Mundial.

Podía transportar hasta tres hidroaviones de ataque y lanzarlos rápidamente.

Llevaba 114 tripulantes... ¡Menudo agobio!

Los aviones se guardaban con las alas plegadas.

hangar de aviones

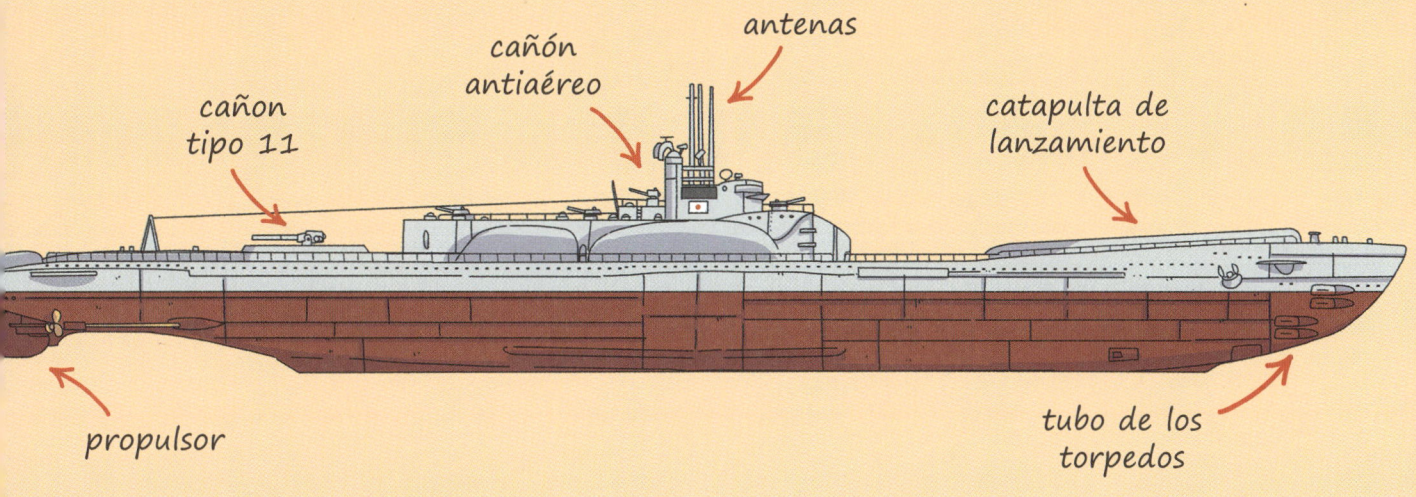

- cañón tipo 11
- cañón antiaéreo
- antenas
- catapulta de lanzamiento
- propulsor
- tubo de los torpedos

El submarino I-400 se movía con motores diésel en superficie y eléctricos bajo el agua.

> Tan solo se construyeron tres de ellos. A finales de la guerra fueron capturados, estudiados a fondo y hundidos por los norteamericanos... ¡No querían que sus todavía amigos rusos los viesen!

- grúa para izar los aviones y devolverlos al hangar
- hidroavión Aichi M6A1 Seiran

Los aviones podían llevar bombas o torpedos.

AERODESLIZADORES

Aunque los primeros diseños datan del siglo XVIII, no fue hasta 1952 cuando el ingeniero británico Christopher Cockerell diseñó lo que hoy conocemos como aerodeslizador, o en inglés, *hovercraft*. El concepto es simple: se trata de una nave que descansa sobre un colchón que se infla de aire para así poder desplazarse a gran velocidad sobre el agua o incluso el fango y en aguas poco profundas, y de paso continuar su camino por la playa o por una simple rampa sin necesidad de atracar en un muelle.

Los norteamericanos también tuvieron sus *hovercraft* militares, unos grandes como los rusos y otros más pequeños y maniobrables como el Bell SK-5. Esta nave se empleó en la guerra de Vietnam para patrullar por los ríos y campos de arroz que atraviesan el país asiático. ¡Este trasto se metía por cualquier sitio y era veloz!

SR.N4

cabina del piloto

Unas turbinas metían aire dentro del colchón.

Estuvo en servicio entre 1965 y el año 2000 haciendo la ruta del canal de la Mancha.

Lo propulsaban unas potentes turbohélices.

Llevaba pasajeros y vehículos, que entraban por una rampa.

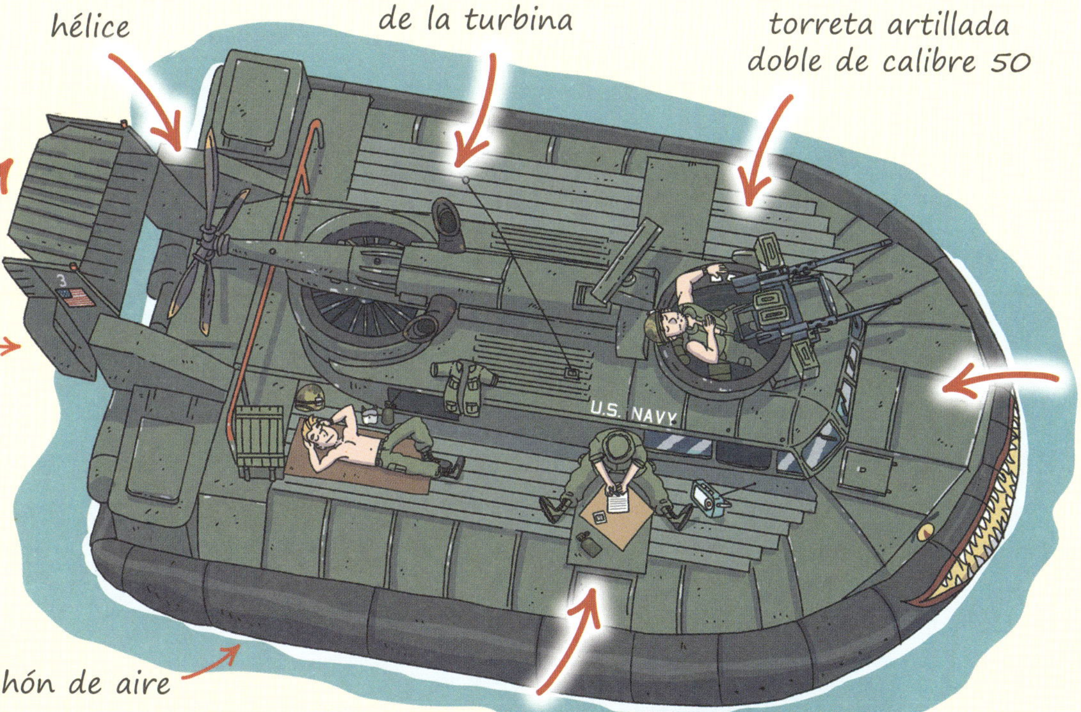

EKRANOPLANOS, VOLANDO SOBRE LAS OLAS

¿Es un barco? ¿Es un avión? ¿Es una nave espacial de un futuro que nunca llegó? Es todo eso y, al mismo tiempo, no lo es. Veamos por qué: este vehículo funciona con algo conocido como «efecto suelo», en ruso, *ecanny effect*, y de ahí su extraño nombre: ekranoplano. ¿Y qué es eso del «efecto suelo»? Gracias a su diseño, este aparato genera una especie de colchón de aire a alta presión bajo su fuselaje que le permite volar a altísimas velocidades sobre superficies sin obstáculos, normalmente el mar, playas despejadas o incluso llanuras, a escasos metros de altura.

Durante la conocida como Guerra Fría, en la que la Unión Soviética y sus países satélites mantenían una competencia estratégica y armamentística con Estados Unidos y sus aliados, los soviéticos fueron los reyes en el diseño y construcción de ekranoplanos militares, principalmente gracias al trabajo del ingeniero húngaro Robert Bartini. Los servicios de inteligencia occidentales no sabían qué eran esos aparatos enormes que habían visto volar sobre el Caspio a altísimas velocidades... ¡Así que los bautizaron como «monstruos del mar Caspio»!

estabilizador de cola

ala

BUQUE DOCKWISE VANGUARD

¿Qué ocurre cuando un coche se avería en mitad de la carretera y es necesario llevarlo a un taller? Fácil, ¡llamas a una grúa para que se lo lleve! Pues aunque suene disparatado, existen «grúas» para barcos, y no precisamente para lanchas o barquitas. La tecnología ha hecho posible la construcción de buques capaces de transportar enormes cargas, entre ellas, otros buques o incluso plataformas petrolíferas. A estos buques se les llama *heavy-lift,* es decir, 'de carga pesada'.

Para tareas como transportar barcos y plataformas marinas, lo más fácil es enviar a un barco semisumergible capaz de hundirse bajo la carga y levantarla después como si se tratase de un dique seco móvil. En 2012 se construyó en los astilleros de Hyundai, en Corea del Sur, el buque Dokwise Vanguard para la compañía Royal Boskalis Westminster. Actualmente es el buque de este tipo más grande del mundo. Así que ya sabes: ¡si se te avería tu superpetrolero, avisa a esta grúa marina!

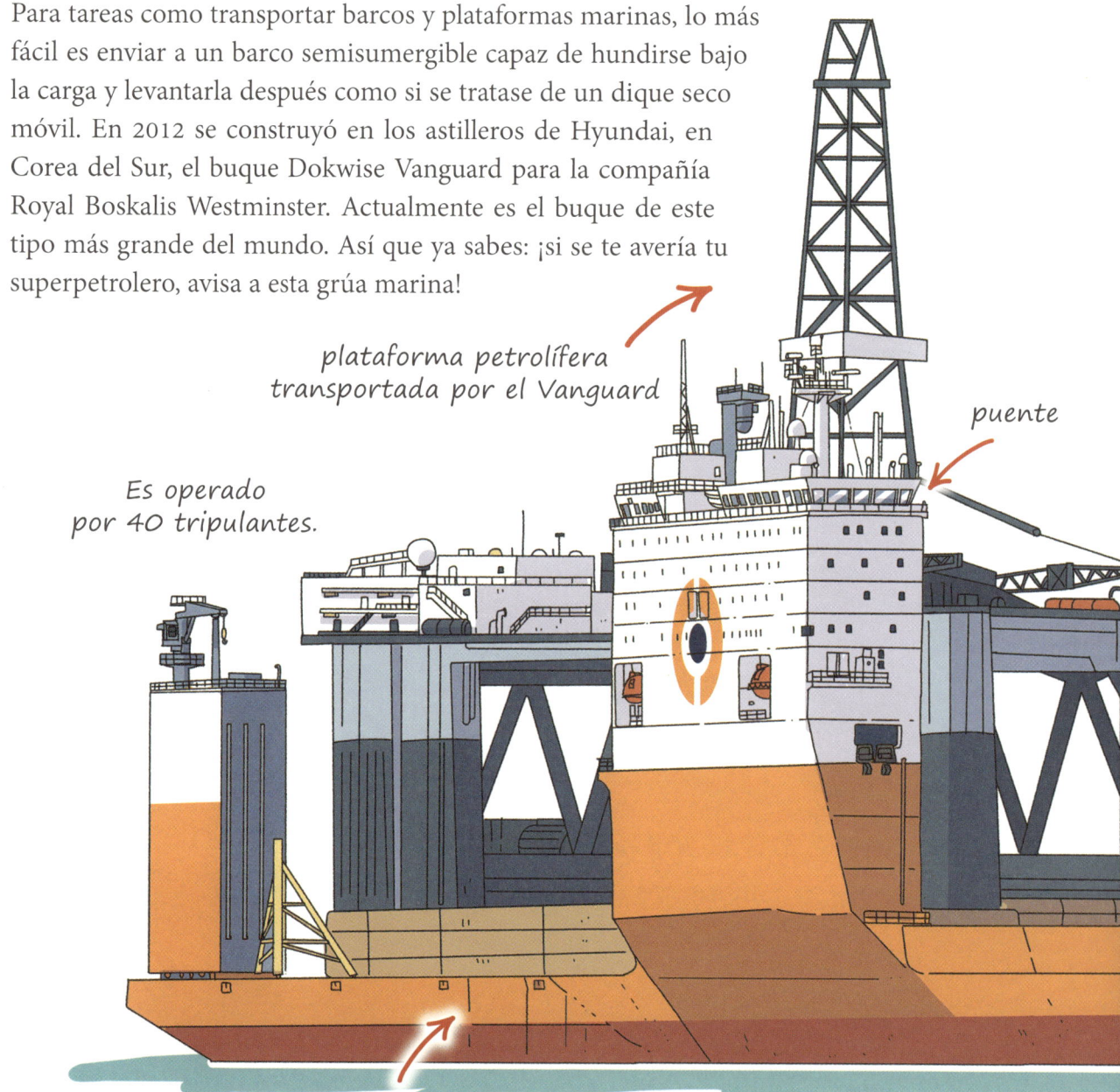

plataforma petrolífera transportada por el Vanguard

puente

Es operado por 40 tripulantes.

depósitos de agua para hacer de lastre

Por ejemplo, para cargar con esta fragata averiada, el Dockwise llena los tanques de agua y se hunde, situando la plataforma bajo el buque.

Luego libera el agua de los depósitos emergiendo del mar y dejando que la fragata se pose sobre la plataforma para ser transportada.

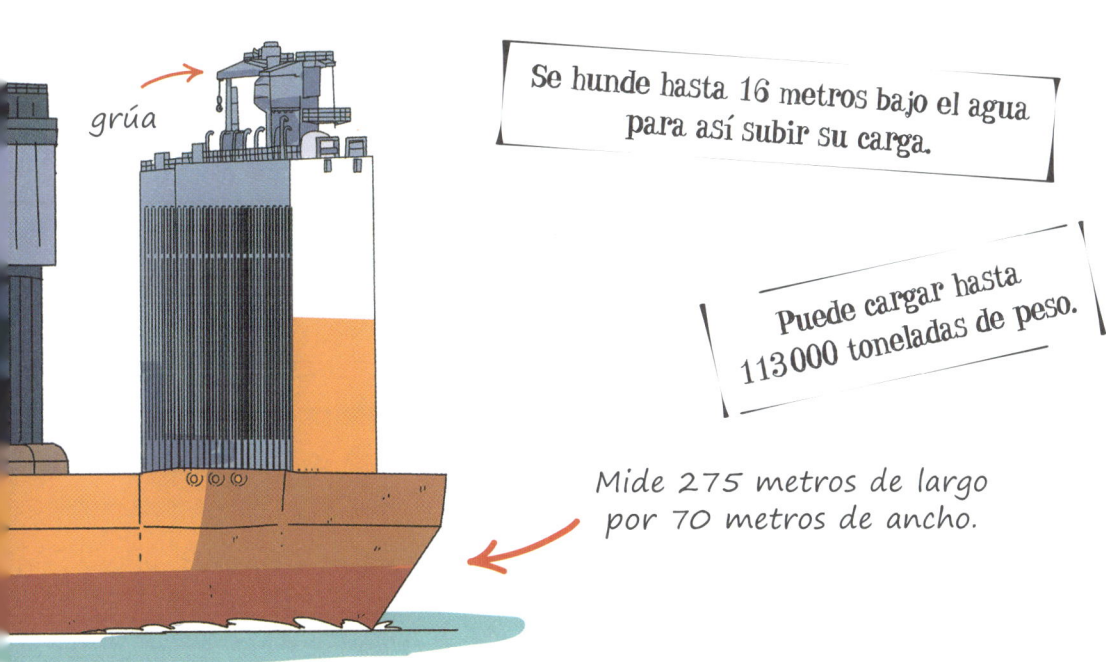

grúa

Se hunde hasta 16 metros bajo el agua para así subir su carga.

Puede cargar hasta 113 000 toneladas de peso.

Mide 275 metros de largo por 70 metros de ancho.

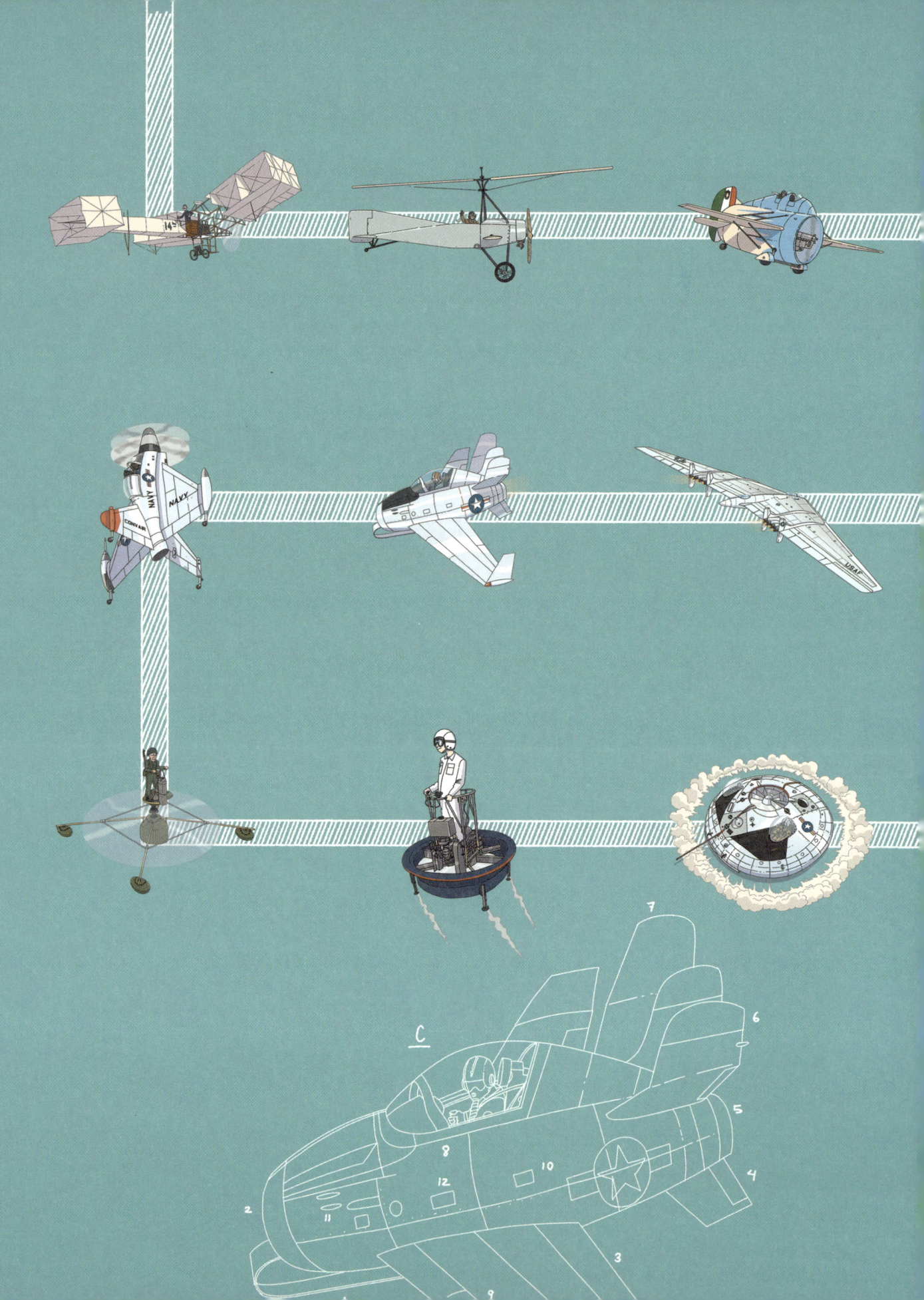

POR AIRE

EL 14-BIS

Sí, la cosa está reñida: ¿quién logró realmente hacer el primer vuelo de la historia de una aeronave más pesada que el aire? Sin embargo, esto no importa en este momento, ya que lo que nos interesa ahora es hablar de esta curiosa máquina y de su inventor.

Alberto Santos Dumont, nacido en la ciudad brasileña de Palmira, quedó asombrado de joven al ver un globo aerostático y, cuando su familia se trasladó a Francia, comenzó a estudiar ingeniería. Durante los primeros años de su carrera, se dedicó a diseñar globos más controlables, inventó motores de explosión para automóviles e incluso participó en alguna carrera para poner a prueba sus creaciones. A partir de 1899, Dumont comenzó a desarrollar una serie de globos dirigibles que se movían gracias a un motor y con los que logró grandes proezas para su tiempo. Pero su objetivo final era conseguir que una aeronave más pesada que el aire volase, y en 1906, ante la presencia de científicos y miembros del Aeroclub de Francia, logró hacer un vuelo de 60 metros con su 14-Bis. Dumont siguió diseñando aviones el resto de su vida y sus logros serán siempre recordados.

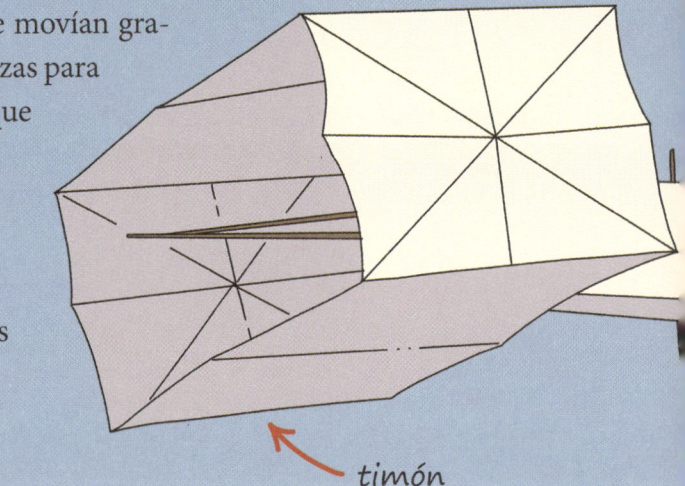

timón

La estructura de madera y de cañas de bambú estaba cubierta con seda.

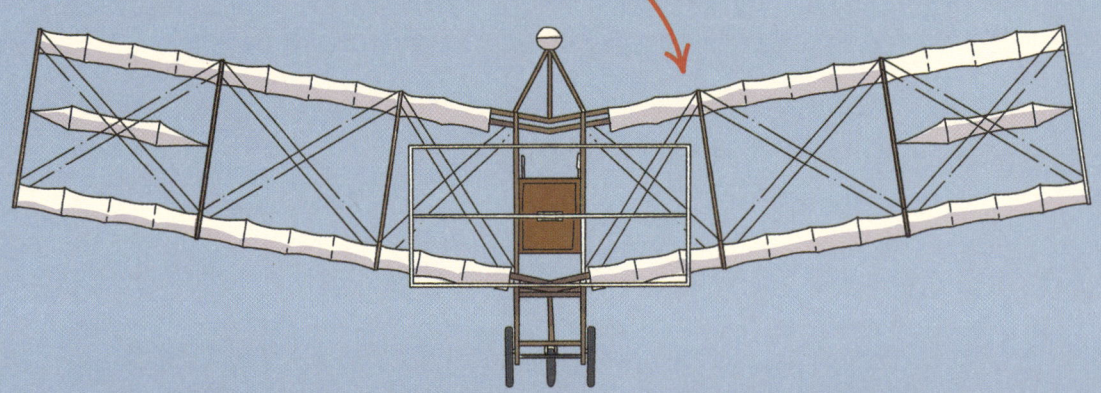

Dumont hizo varios vuelos en este aparato: en uno recorrió 60 metros en 15 segundos y en otro, 220 metros en 21 segundos. Estableció así un récord de 35 km/h, cosa nunca vista en su época.

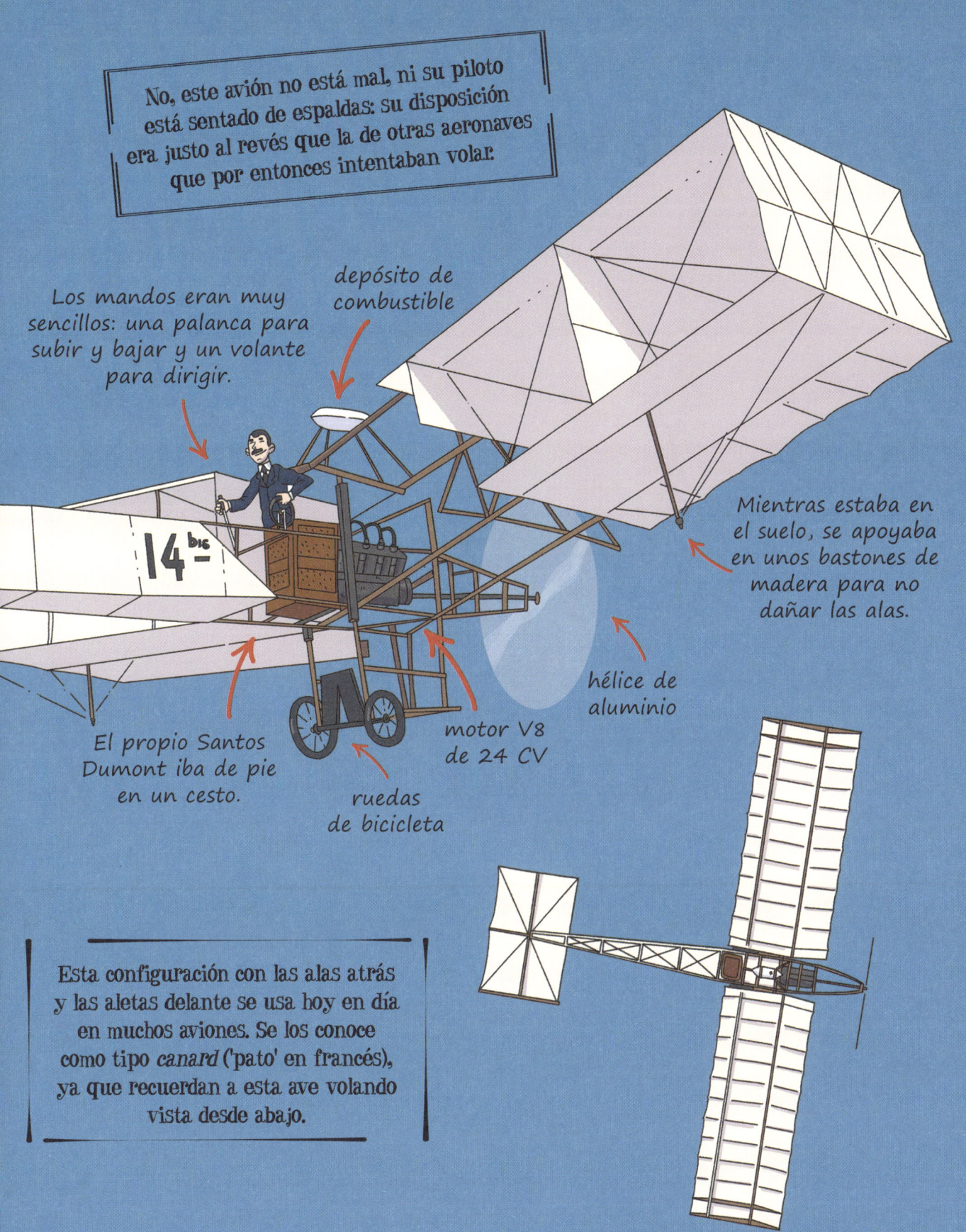

EL USS MACON

Los dirigibles fueron a finales del siglo XIX y principios del XX los grandes colosos del cielo. Aunque algo lentos en comparación con los aviones, eran capaces de recorrer enormes distancias, transportar mayor número de pasajeros y ofrecer mayor confort gracias a su estabilidad.

Durante la Primera Guerra Mundial, los dirigibles no solo mostraron ser útiles como vehículos de observación o de transporte, sino también como bombarderos. En los años 30, la armada de Estados Unidos decidió, siguiendo el ejemplo de Francia o Alemania, construir sus propios dirigibles y ponerlos en servicio. De esa idea nació el gigantesco Macon.

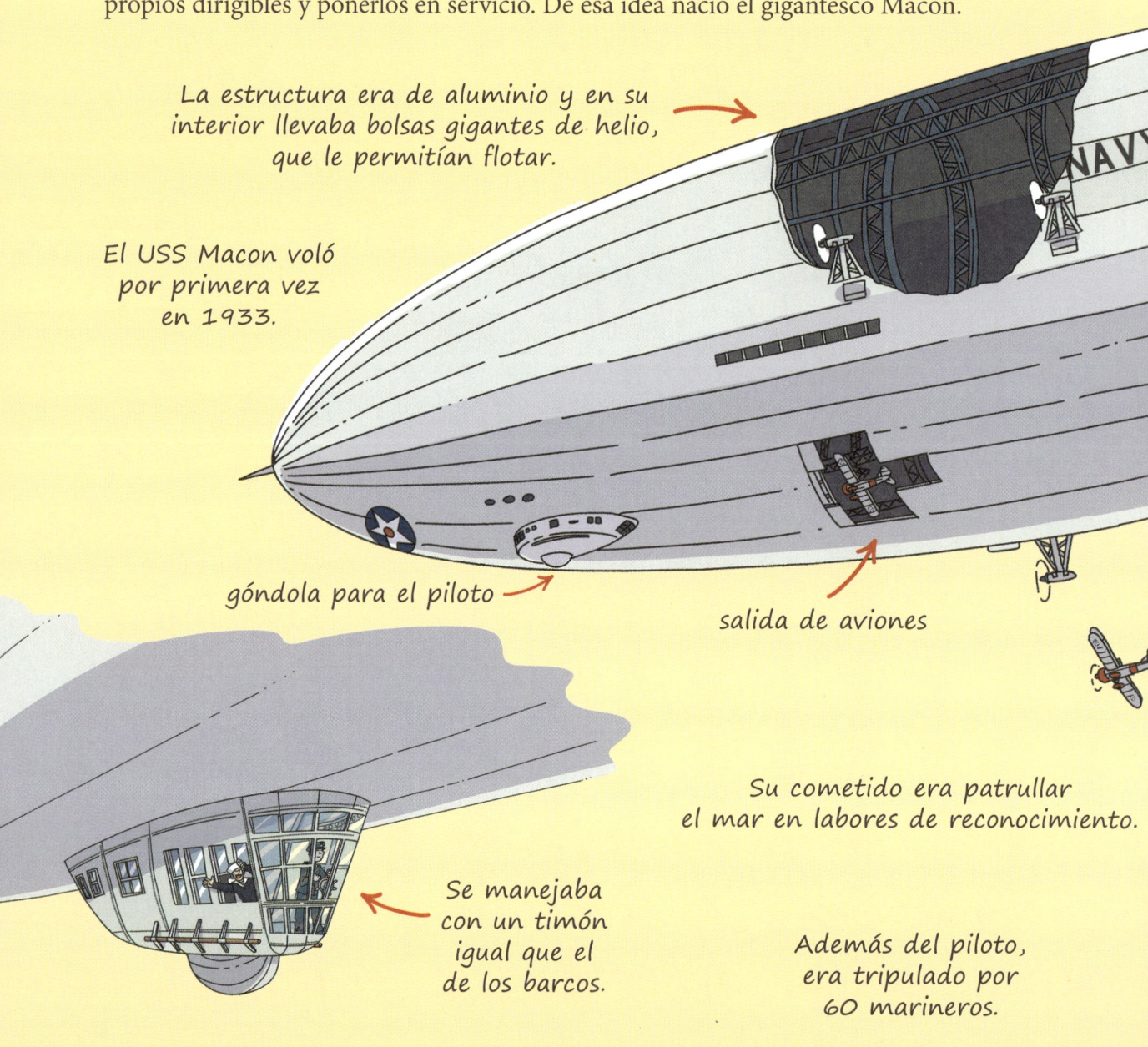

La estructura era de aluminio y en su interior llevaba bolsas gigantes de helio, que le permitían flotar.

El USS Macon voló por primera vez en 1933.

góndola para el piloto

salida de aviones

Su cometido era patrullar el mar en labores de reconocimiento.

Se manejaba con un timón igual que el de los barcos.

Además del piloto, era tripulado por 60 marineros.

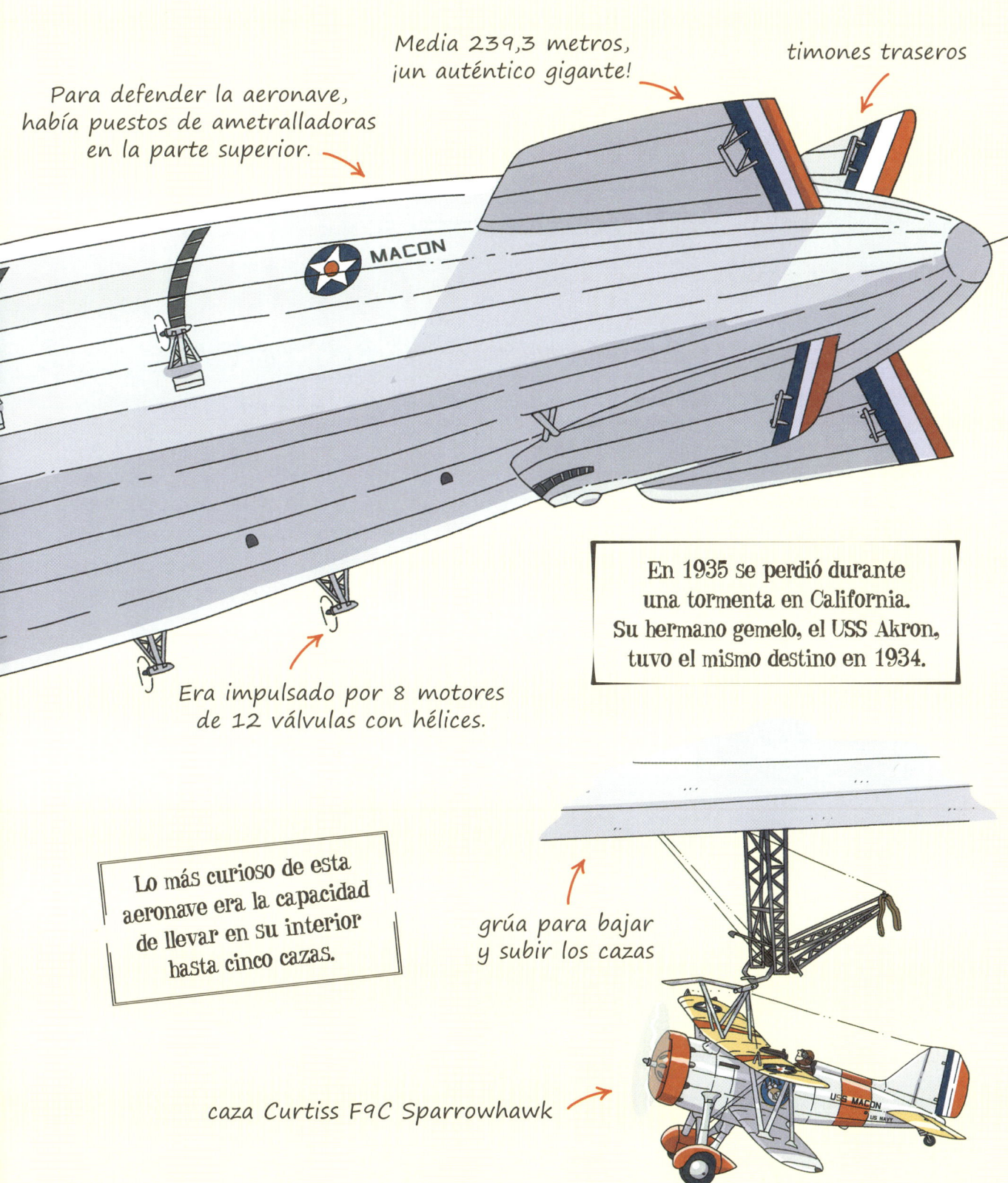

LA ERA DORADA DE LA AVIACIÓN

Durante los años dorados de la aviación, es decir, entre los años 20 y 30 del siglo XX, los inventores, estudios de diseño y aviadores se empeñaban en ir más lejos, más rápido y más alto que los demás. Aparecieron todo tipo de aeronaves destinadas a romper récords, ganar competiciones y vender ideas a la floreciente industria aeronáutica.

En muchos casos, estos avances los hacían inventores independientes o pequeñas empresas, que ponían su empeño en construir aviones mejores que los diseñados por las grandes compañías.

Stipa-Caproni

Fue diseñado por el ingeniero italiano Luigi Stipa.
La idea era incorporar el motor y la hélice dentro del fuselaje del avión.

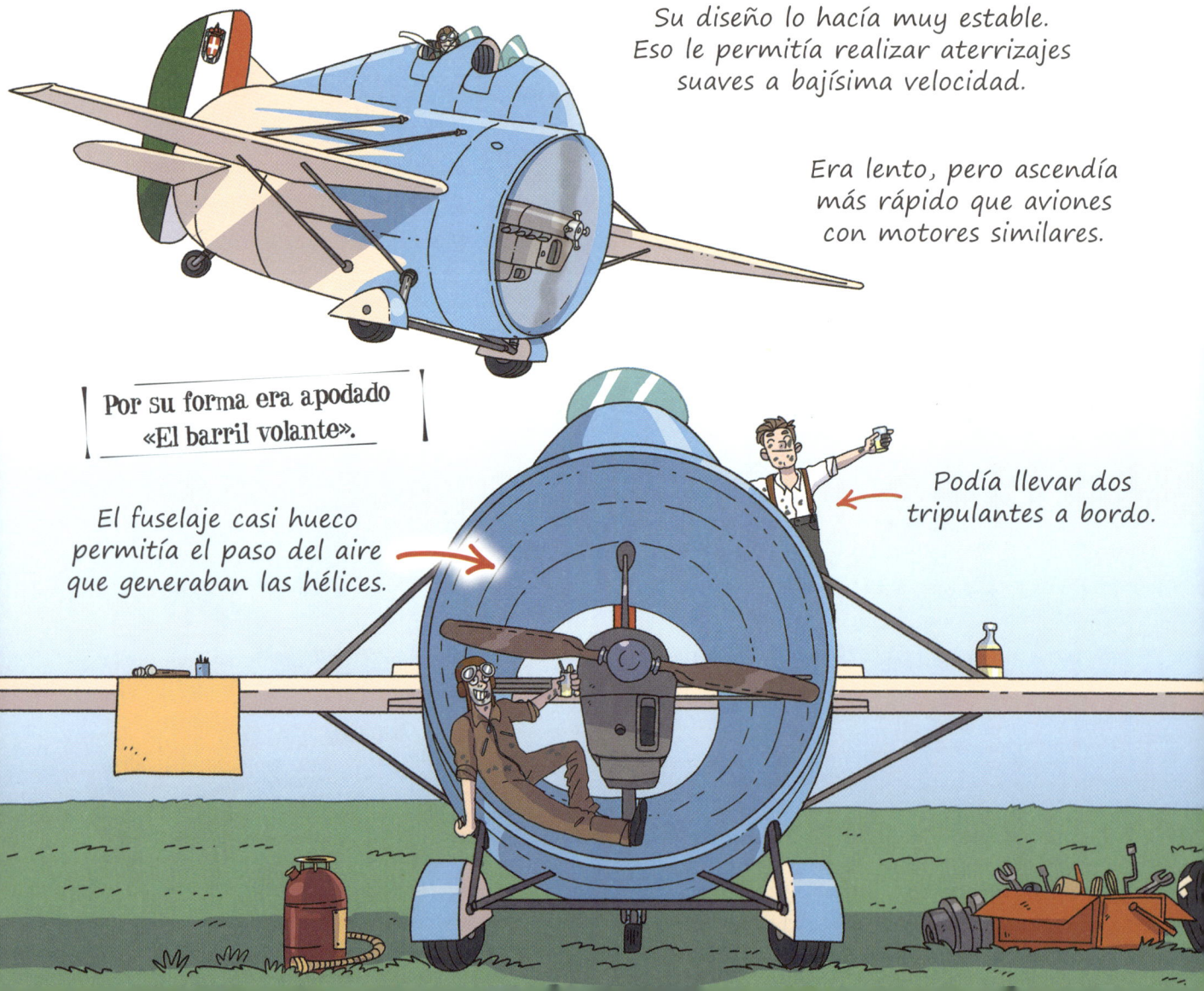

Su diseño lo hacía muy estable. Eso le permitía realizar aterrizajes suaves a bajísima velocidad.

Era lento, pero ascendía más rápido que aviones con motores similares.

Por su forma era apodado «El barril volante».

El fuselaje casi hueco permitía el paso del aire que generaban las hélices.

Podía llevar dos tripulantes a bordo.

Super Sporster Gee Bee R-1

Este avión de carreras fue diseñado por los hermanos Granville (Granville Brothers, de ahí el nombre «Gee Bee») para ganar trofeos.

La cabina del piloto, el timón y el plano de cola estaban comprimidos en la parte trasera.

El enorme morro albergaba un motor que le proporcionaba una gran potencia.

Logró batir el récord en 1932 al llegar a los 476 km/h.

El piloto accedía a través de una pequeña puerta en el lateral derecho.

Gee Bee Z

El antecedente del R-1, el Z, fue también campeón de velocidad al alcanzar los 434 km/h.

La carlinga se desmontaba para que el piloto se subiese.

El Z hizo que los Gee Bee se consideraran aviones muy peligrosos: el propio Z sufrió un accidente fatal en 1931.

AUTOGIROS

En 1913, un joven apasionado de la aviación llamado Juan de la Cierva iniciaba su carrera en la Escuela de Ingenieros de Caminos; años más tarde como proyecto final, presentó una aeronave construida por él. Sin embargo, el experimento salió mal, y el avión se quedó en el aire sin sustentación y se fue al suelo, piloto incluido.

Esto hizo despertar en De la Cierva la preocupación sobre la seguridad en la aviación, que aún estaba en pañales. Para ello dedicó su vida a crear una aeronave con la que fuese prácticamente imposible sufrir un accidente como el ocurrido durante sus estudios. El resultado de sus investigaciones fue el autogiro, que es, sin duda, uno de los precursores de los modernos helicópteros.

Autogiro Cierva C.4
Voló por primera vez en enero de 1923.

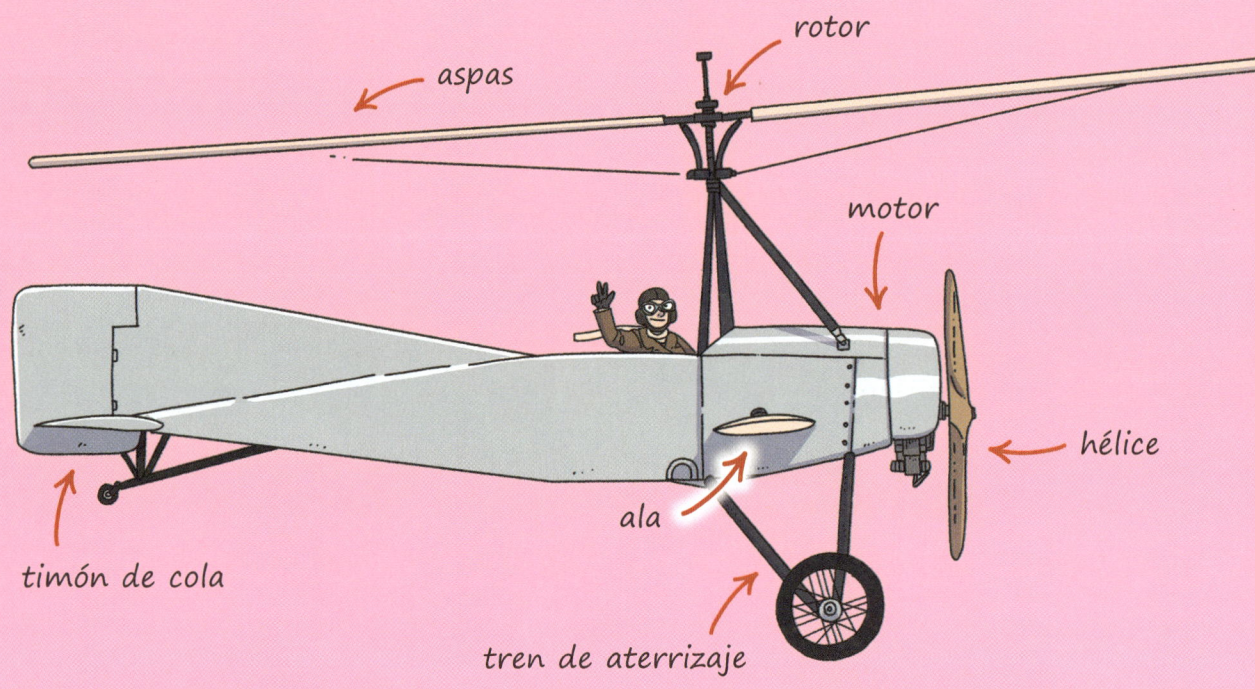

Las aspas se movían sin necesidad de un motor propio, ya que la corriente de aire que provocaba el motor y la velocidad durante el vuelo las hacían girar.

Autogiro Cierva C.30

El C.30 es el modelo más conocido del ingeniero y aviador español. Que las aspas se moviesen continuamente hacía que la aeronave se sustentara en el aire.

> Si un autogiro sufría una grave avería en el motor y se paraba, sus grandes aspas seguían girando lentamente. La aeronave caía a tierra poco a poco y suavemente hasta posarse en el suelo.

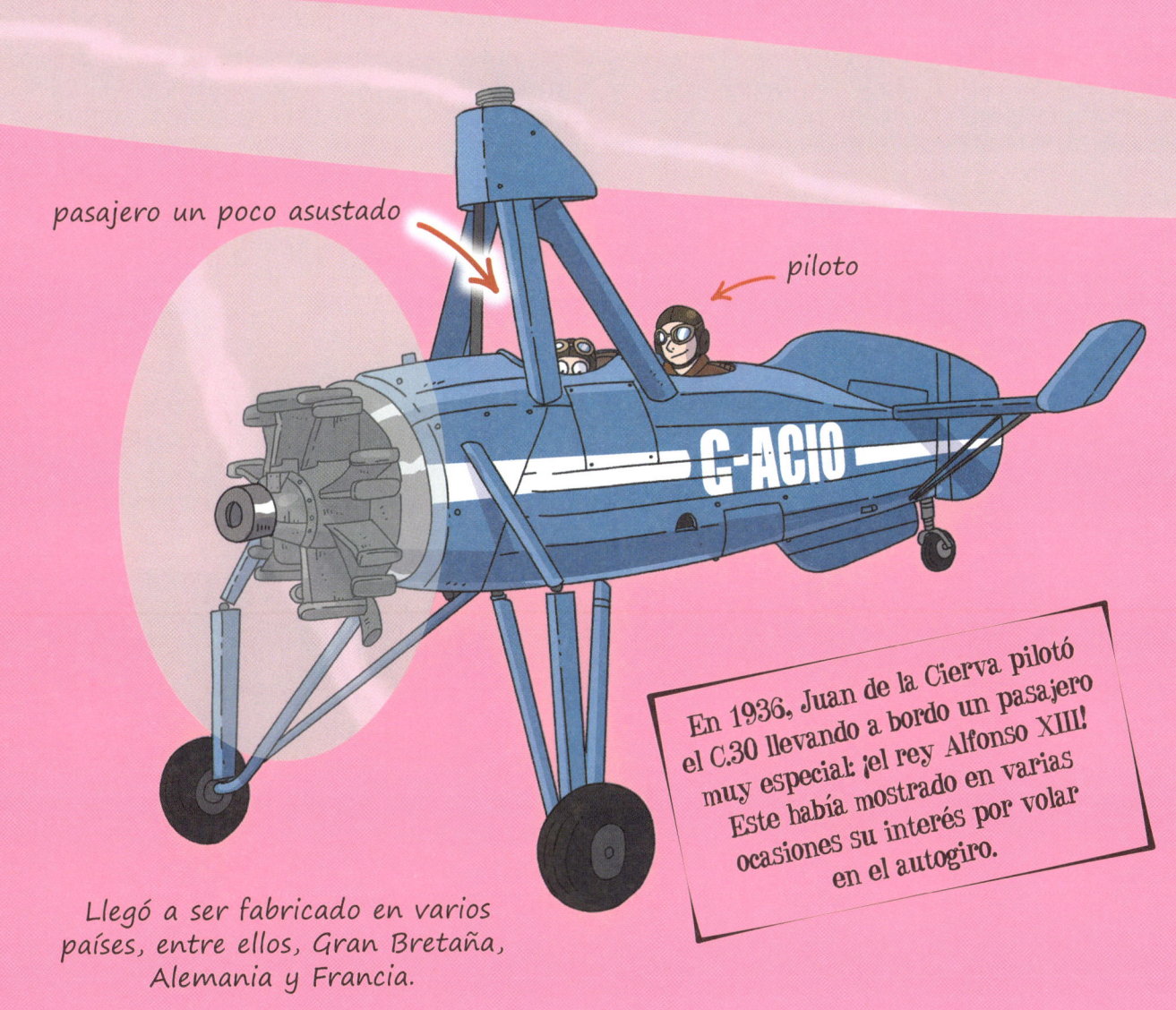

pasajero un poco asustado

piloto

En 1936, Juan de la Cierva pilotó el C.30 llevando a bordo un pasajero muy especial: ¡el rey Alfonso XIII! Este había mostrado en varias ocasiones su interés por volar en el autogiro.

Llegó a ser fabricado en varios países, entre ellos, Gran Bretaña, Alemania y Francia.

BV 141

Desde que la humanidad logró despegar del suelo, en globo, en avión o en cualquier otro tipo de aeronave, los altos mandos de los ejércitos del mundo han mostrado interés por estos vehículos: observar el campo de batalla desde arriba permite dirigir mejor a las tropas.

En la Primera Guerra Mundial, los aviones se estrenaron antes que nada como vehículos de reconocimiento; desde entonces, pese a que también se usan para combatir, se han seguido empleando con este propósito.

Existen muchos tipos de aviones pensados para localizar al enemigo o directamente espiarlo desde gran altura sin ser detectados. En 1937, justo antes de la Segunda Guerra Mundial, al igual que otros países, Alemania buscaba una nueva aeronave para sustituir a las que ya tenía dedicadas a tareas de observación, y de esta necesidad surgió uno de los aviones más raros de la historia: el avión de reconocimiento BV 141.

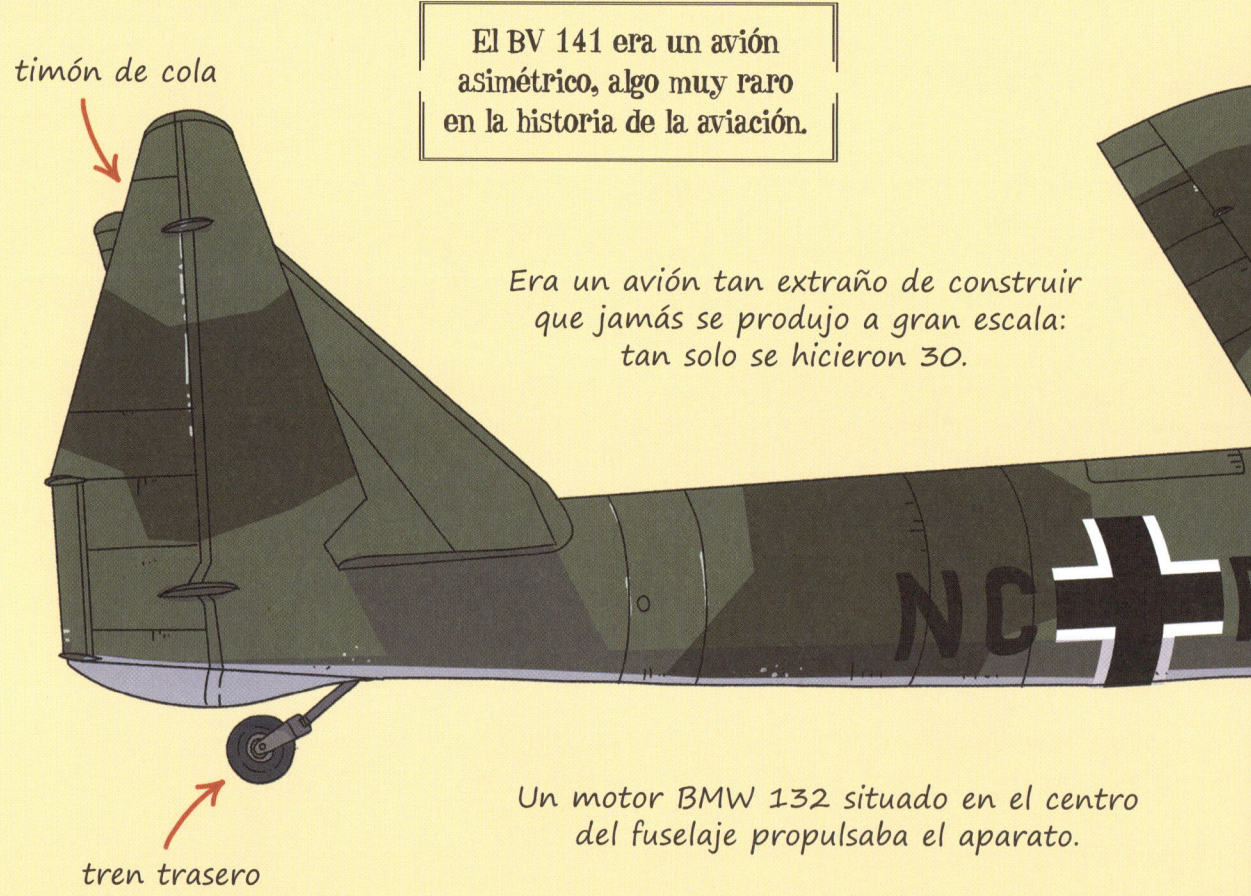

timón de cola

El BV 141 era un avión asimétrico, algo muy raro en la historia de la aviación.

Era un avión tan extraño de construir que jamás se produjo a gran escala: tan solo se hicieron 30.

tren trasero

Un motor BMW 132 situado en el centro del fuselaje propulsaba el aparato.

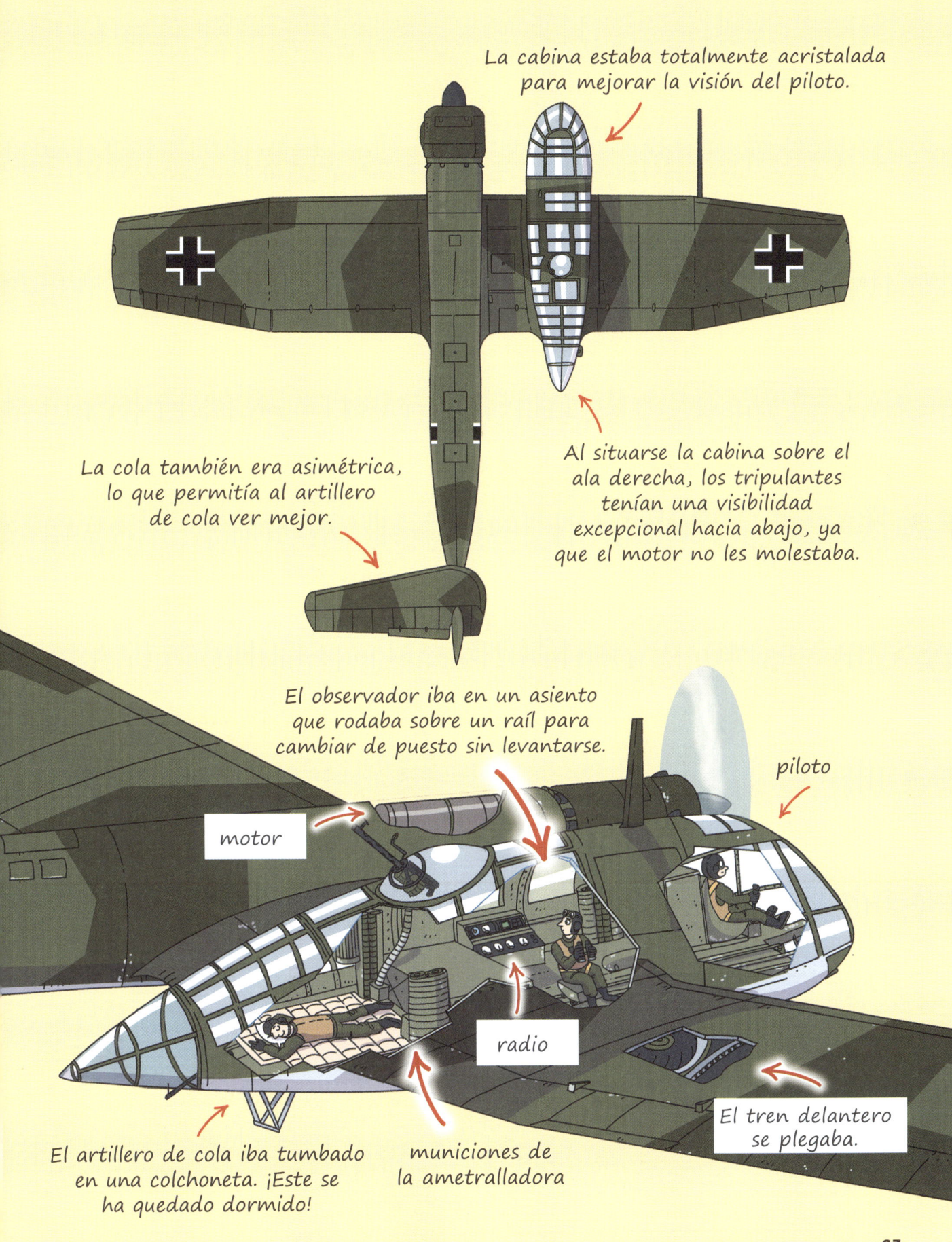

PLATILLOS VOLANTES

¿Qué es eso que va volando? ¿Será una nave espacial de otro mundo? ¿O quizás un extraño invento de un científico loco? Lo creas o no, los platillos volantes existieron (al menos los terrestres) y fueron construidos con tornillos, metal y otros materiales comunes. Quizás tuvieron formas extrañas, pero resultaron interesantes: los ingenieros que los diseñaban pretendían sustentar en el aire aparatos con menor superficie de ala que la mayoría de las aeronaves.

Ya en 1911, en los primeros años de la aviación, apareció un aeroplano con alas en forma de disco, aunque no se logró que volase. En 1933 se diseñó otro muy similar, el Arup, que pretendía ser para uso del gran público. Si bien este voló, no tuvo éxito, aunque sí sirvió para inspirar otros diseños de platillos volantes con más recorrido.

Vought V-173

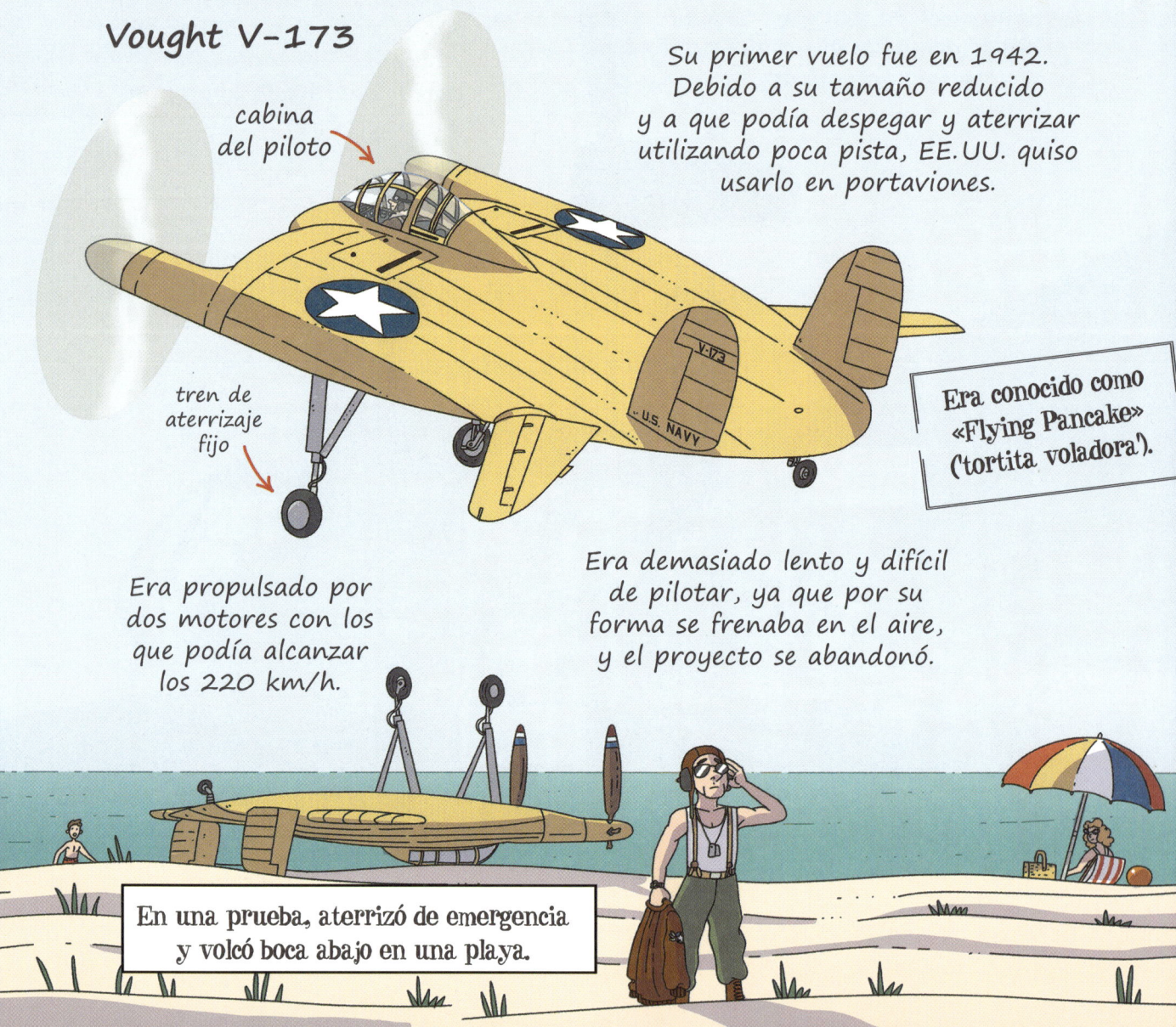

cabina del piloto

tren de aterrizaje fijo

Su primer vuelo fue en 1942. Debido a su tamaño reducido y a que podía despegar y aterrizar utilizando poca pista, EE.UU. quiso usarlo en portaviones.

Era conocido como «Flying Pancake» ('tortita voladora').

Era propulsado por dos motores con los que podía alcanzar los 220 km/h.

Era demasiado lento y difícil de pilotar, ya que por su forma se frenaba en el aire, y el proyecto se abandonó.

En una prueba, aterrizó de emergencia y volcó boca abajo en una playa.

Avro Canada VZ-9 Avrocar

Diseñado en 1958, pretendía ser un auténtico platillo volante de caza que viajara a altas velocidades; sin embargo, jamás logró ascender más de 1,5 metros ni alcanzar más de 50 km/h.

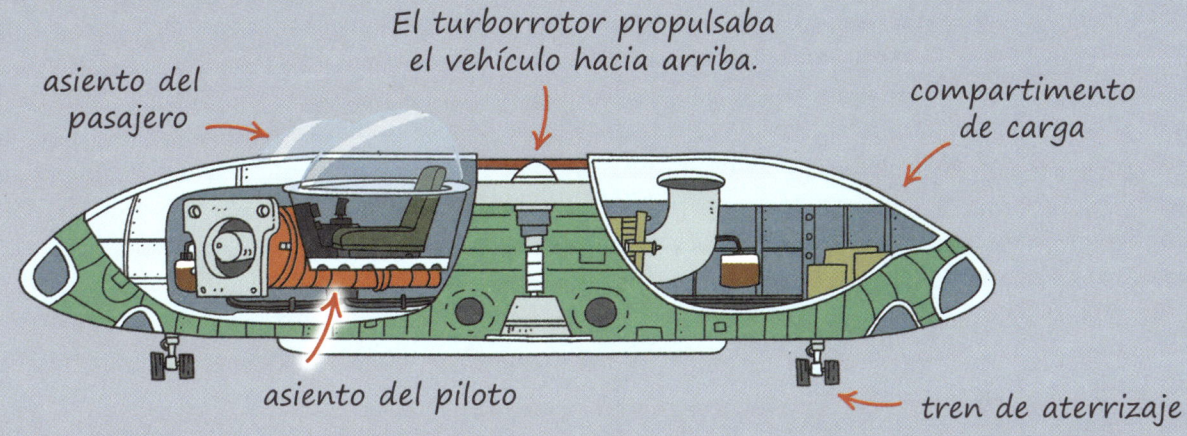

asiento del pasajero

El turborrotor propulsaba el vehículo hacia arriba.

compartimento de carga

asiento del piloto

tren de aterrizaje

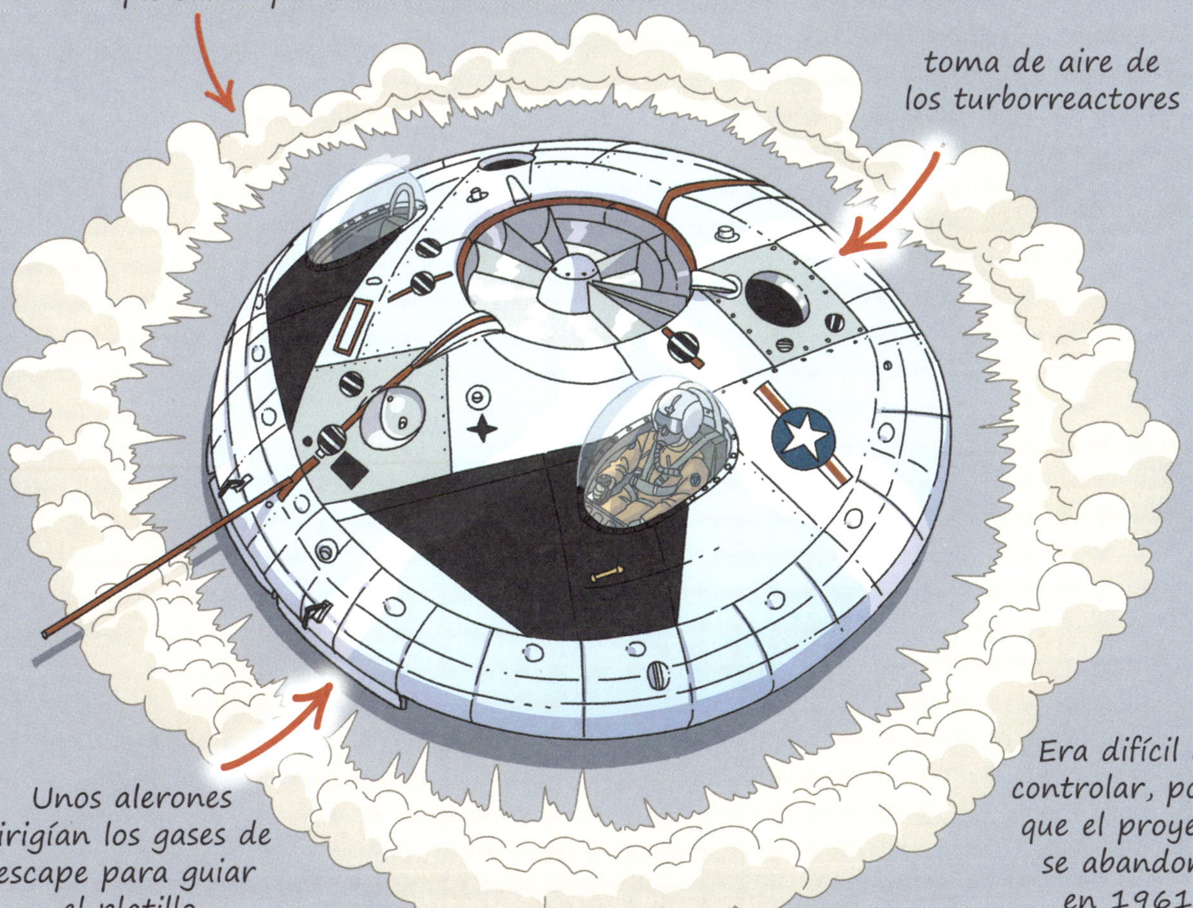

Tres turborreactores generaban los gases de escape, que salían por los bordes del vehículo.

toma de aire de los turborreactores

Unos alerones dirigían los gases de escape para guiar el platillo.

Era difícil de controlar, por lo que el proyecto se abandonó en 1961.

ALAS VOLANTES

Durante los inicios de la aviación, el diseño en ala volante fue tenido en cuenta. ¿Qué se buscaba? Por una parte, eliminar estructuras y aprovechar al máximo el espacio con carga útil: pasajeros, combustible, etc. Y por otra, hacer desaparecer elementos que supusieran resistencia al aire.

En 1910 apareció un primer intento de ala volante, que influenció los prototipos de otros inventores, entre ellos el Westland-Hill Pterodactyl, una aeronave en forma de ala que no entusiasmó pero que sirvió de base para otras.

En los años 30, el ingeniero Jack Northrop diseñó sus primeras alas volantes, y en 1940 voló su modelo N-1M. Sin embargo, al iniciarse la Segunda Guerra Mundial, las alas de Northrop, que tanto habían impresionado al ejército norteamericano, tuvieron que esperar. En esa misma década, en Alemania, con la guerra poniéndose en su contra, se apostó por un prototipo de avión de combate diseñado por los hermanos Horten y destinado a convertirse en el amo de los cielos por su rapidez y su agilidad. Pero la guerra acabó y ni las alas de Northrop ni las de los Horten llegaron a entrar en combate; aun así, su legado continuó, dando lugar en 1989 al Northrop B-2, un bombardero invisible al radar, y a su sustituto: el B-21.

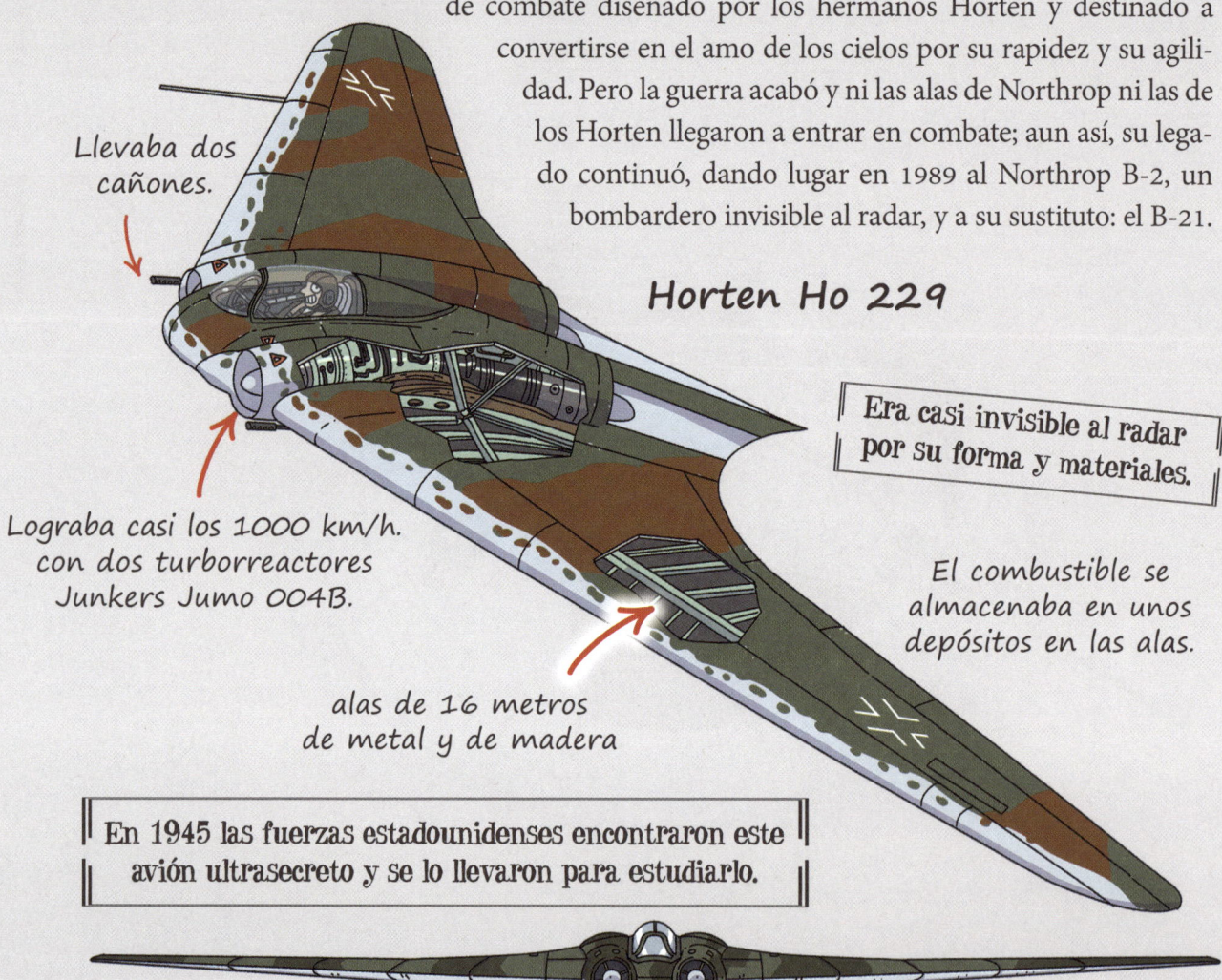

Horten Ho 229

Llevaba dos cañones.

Lograba casi los 1000 km/h. con dos turborreactores Junkers Jumo 004B.

alas de 16 metros de metal y de madera

Era casi invisible al radar por su forma y materiales.

El combustible se almacenaba en unos depósitos en las alas.

En 1945 las fuerzas estadounidenses encontraron este avión ultrasecreto y se lo llevaron para estudiarlo.

Northrop YB-49

Durante la guerra, Northrop creó el YB-35 y, tras esta, ya en 1947, lo actualizó con motores a reacción, y pasó a denominarse YB-49.

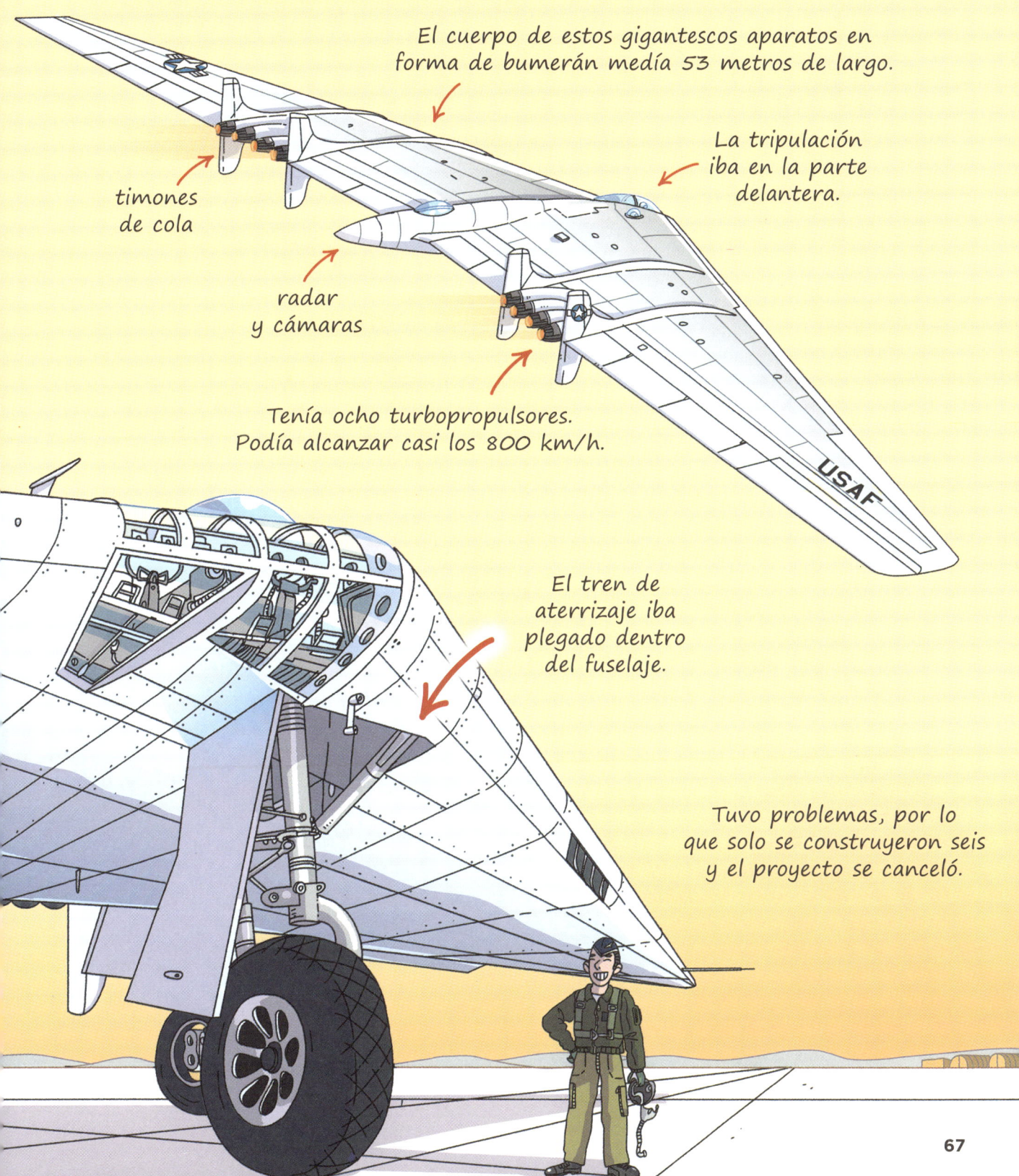

El cuerpo de estos gigantescos aparatos en forma de bumerán medía 53 metros de largo.

La tripulación iba en la parte delantera.

timones de cola

radar y cámaras

Tenía ocho turbopropulsores. Podía alcanzar casi los 800 km/h.

El tren de aterrizaje iba plegado dentro del fuselaje.

Tuvo problemas, por lo que solo se construyeron seis y el proyecto se canceló.

VTOL: DESPEGUE VERTICAL TOTAL

VTOL son las siglas en inglés de *Vertical Take Off and Landing* ('despegue y aterrizaje vertical'), y es una de las grandes obsesiones de los ejércitos de todo el mundo. Para que un caza normal despegue y aterrice, necesita una larga pista o, si está en el mar, un portaviones muy muy grande y por lo tanto costoso.

Por ello, desde los años 40 hasta nuestros días se han probado muchas formas de hacerlo. Muy pocas han tenido éxito y otras muchas, como estos dos ejemplos, han quedado relegadas como simples prototipos extraños.

Convair XFY-1 Pogo

Era capaz de despegar y aterrizar de forma totalmente vertical.

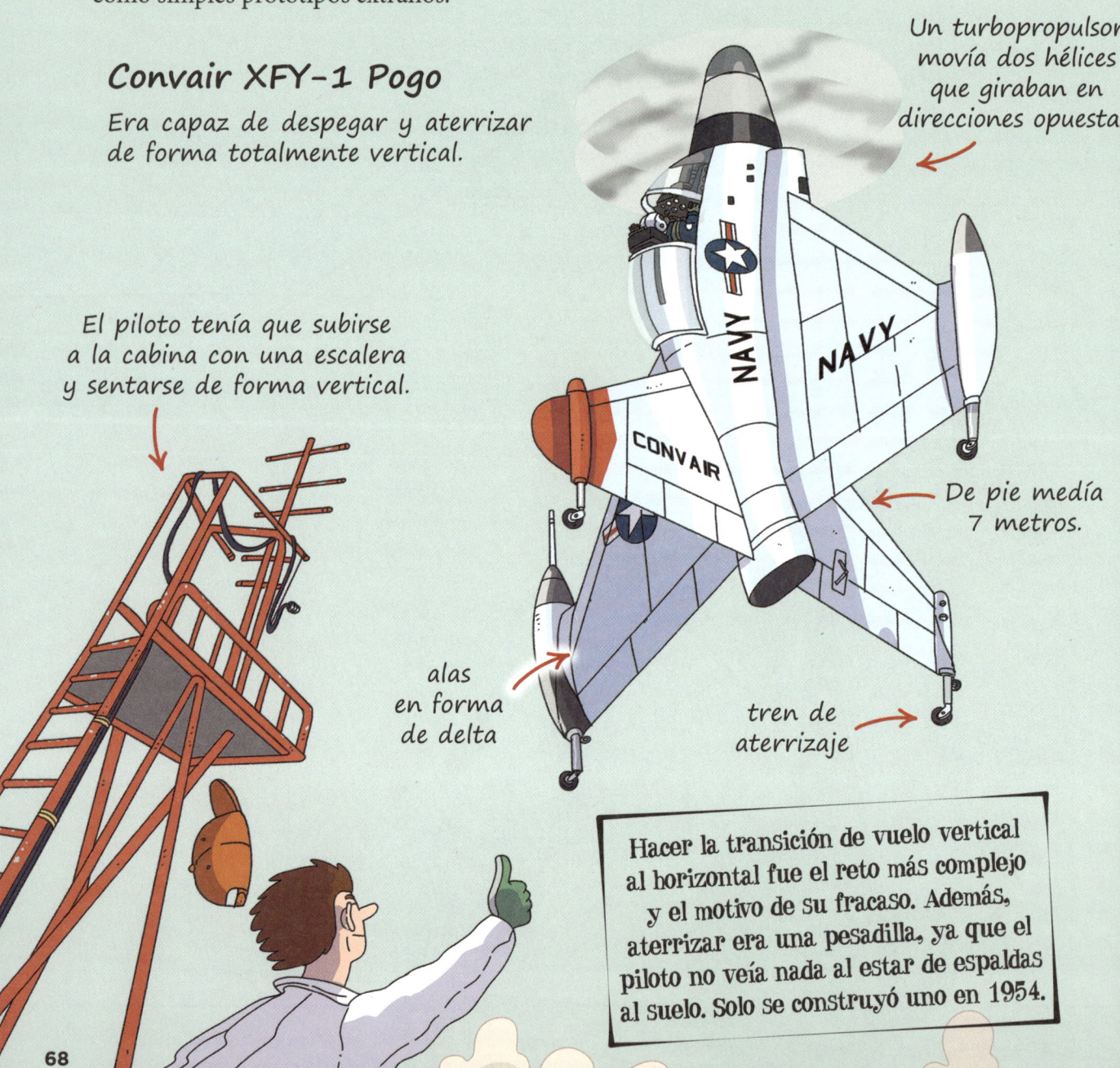

Un turbopropulsor movía dos hélices que giraban en direcciones opuestas.

El piloto tenía que subirse a la cabina con una escalera y sentarse de forma vertical.

De pie medía 7 metros.

alas en forma de delta

tren de aterrizaje

Hacer la transición de vuelo vertical al horizontal fue el reto más complejo y el motivo de su fracaso. Además, aterrizar era una pesadilla, ya que el piloto no veía nada al estar de espaldas al suelo. Solo se construyó uno en 1954.

SNECMA C.450 Coléoptère

Los franceses tienen una potente industria de aviones y también emprendieron sus propios proyectos. En 1959, el Coléoptère hizo su primer vuelo.

Iba dentro de un cilindro de metal que le daba estabilidad. Era conocido como «ala anular».

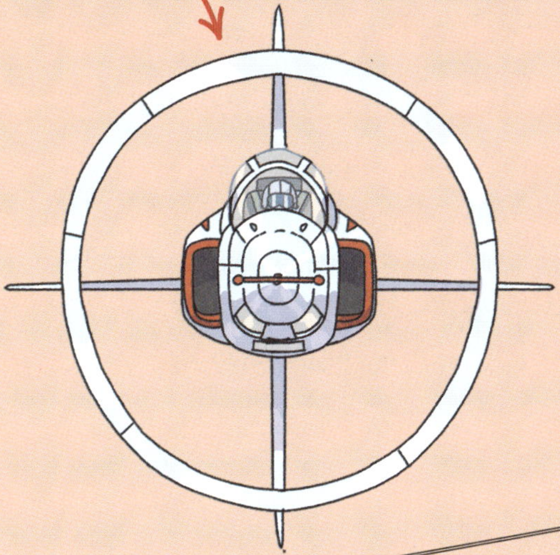

Los canards ayudaban a la transición del vuelo.

El asiento del piloto pivotaba en posición vertical u horizontal.

La aeronave jamás hizo un vuelo horizontal completo y durante un intento se estrelló. El piloto logró eyectarse y salvó la vida. ¡Menos mal!

estabilizador de cola

Solo se fabricó uno y pronto el proyecto se abandonó por su dificultad y la falta de fondos.

La idea era que los aviones estuvieran guardados y se remolcaran y colocaran de forma vertical cuando tuvieran que despegar.

XF-85 GOBLIN: UN CAZA PARÁSITO

Justo al principio de la Guerra Fría y con el uso continuo de bombarderos que patrullaban los cielos del mundo cargados de, prepárate, ¡armas nucleares!, las fuerzas aéreas de Estados Unidos andaban pensando en cómo poder defender sus aviones de largo alcance. ¿Y si creaban un avión muy pequeño que viajase en el interior de uno de estos bombarderos y saliese en caso de ataque? Dicho y hecho: en 1948 la compañía McDonnell diseñó un pequeño avión con esta función. Pero no pasó de ser un prototipo y pronto se abandonó debido a los continuos fallos de diseño y por la aparición de otros sistemas de defensa más eficaces, además de los nuevos métodos que permitían repostar a los cazas en vuelo, alargando su radio de acción. Al final, el pequeño Goblin quedó como una curiosidad y expuesto en un museo.

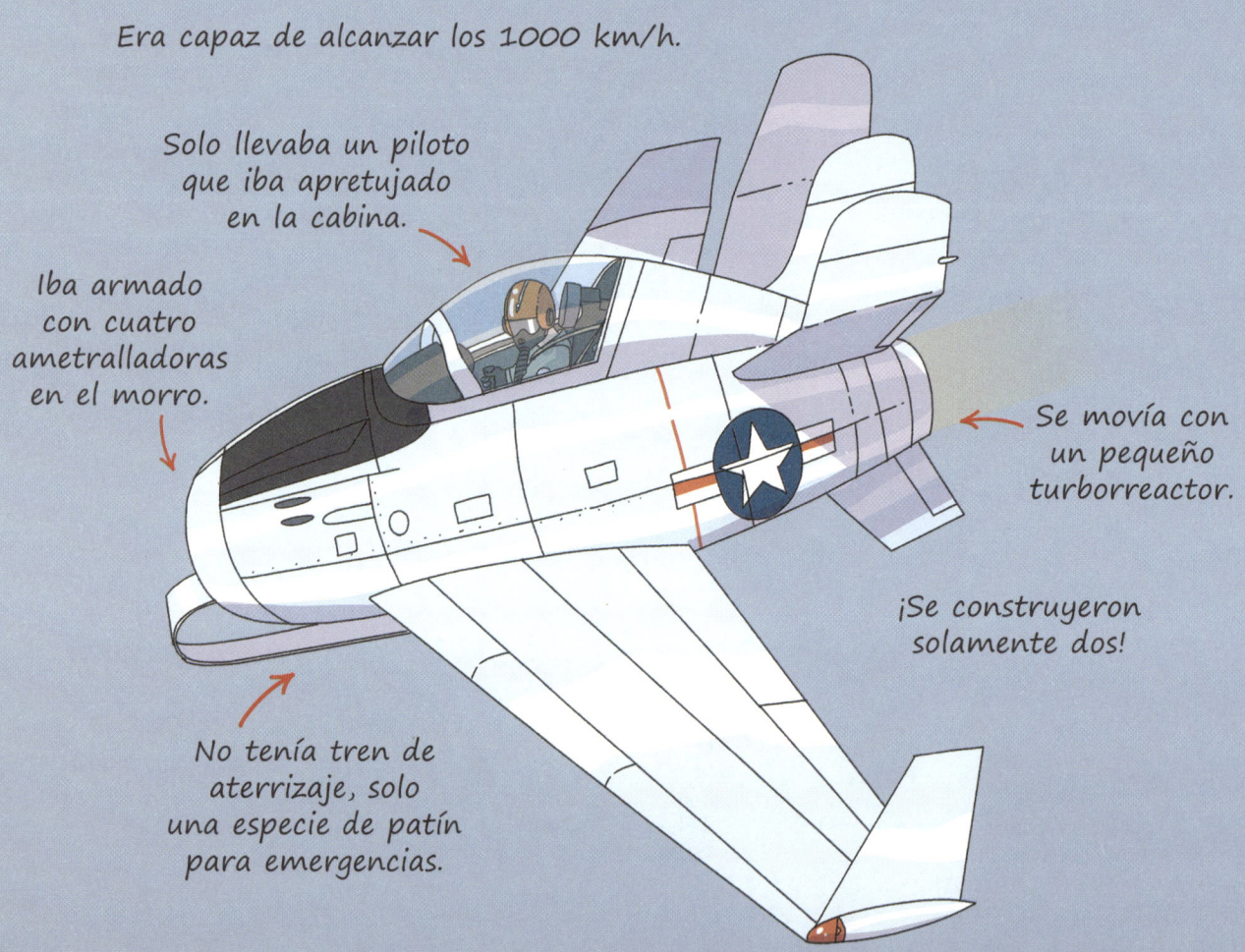

Era capaz de alcanzar los 1000 km/h.

Solo llevaba un piloto que iba apretujado en la cabina.

Iba armado con cuatro ametralladoras en el morro.

Se movía con un pequeño turborreactor.

¡Se construyeron solamente dos!

No tenía tren de aterrizaje, solo una especie de patín para emergencias.

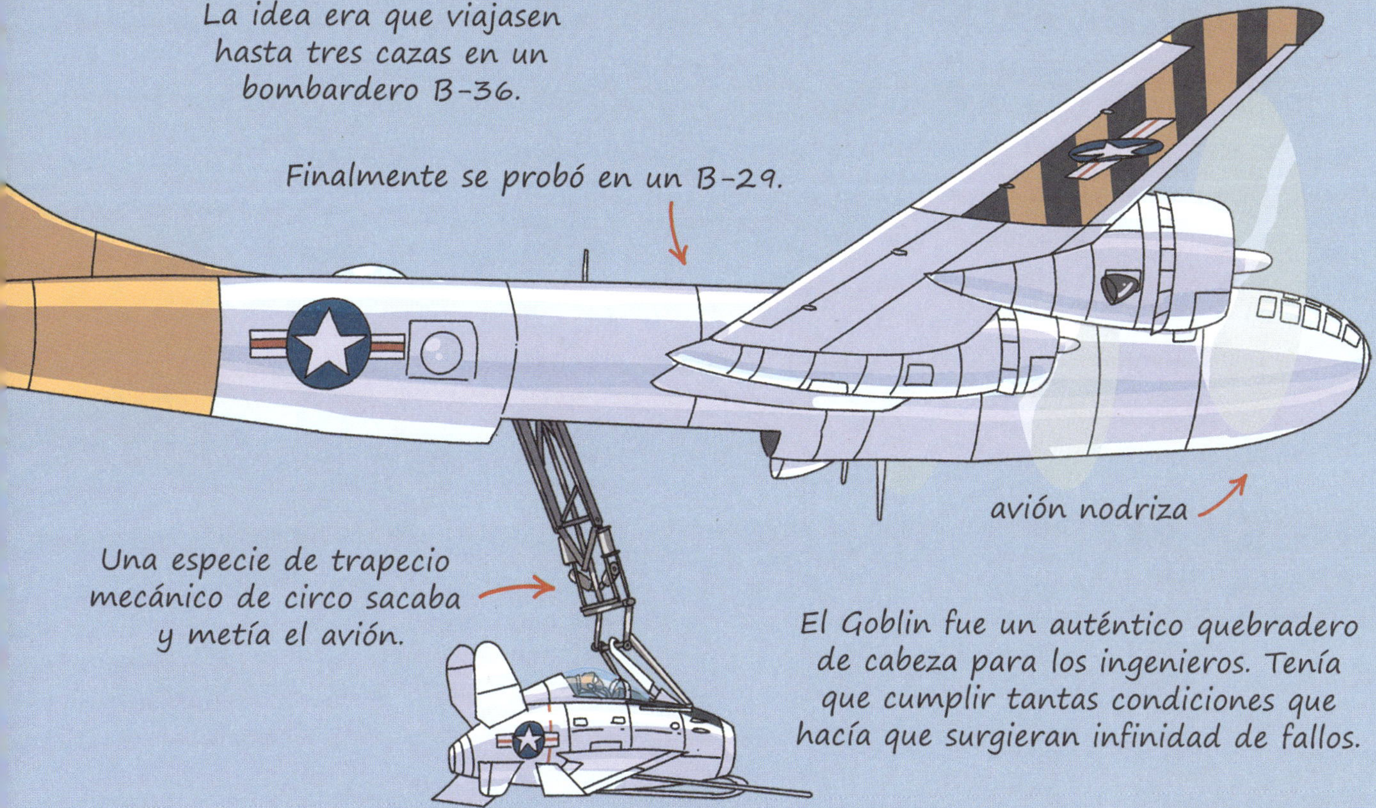

La idea era que viajasen hasta tres cazas en un bombardero B-36.

Finalmente se probó en un B-29.

avión nodriza

Una especie de trapecio mecánico de circo sacaba y metía el avión.

El Goblin fue un auténtico quebradero de cabeza para los ingenieros. Tenía que cumplir tantas condiciones que hacía que surgieran infinidad de fallos.

El Goblin era enano, un poco más grande que un coche pequeño.

El gancho para la grúa se escondía en el fuselaje.

En tierra se colocaba sobre una plataforma con ruedas para moverlo.

EL GIGANTE MIL V-12

El helicóptero es una fantástica herramienta de transporte. Puede levantar el vuelo y aterrizar en vertical desde cualquier sitio sin necesidad de pista y, si es bastante grande y potente, puede cargar con mucho peso. Los primeros helicópteros pesados fueron militares y se comenzaron a diseñar a finales de los años 40 y principios de los 50: es más, muchos de los actuales helicópteros pesados, como el Boeing CH-47 Chinook, son de esa época.

Y si vives en un país muy muy grande, es probable que necesites uno igualmente grande. Efectivamente, los rusos son especialistas en construir vehículos gigantes, y en 1968, pese a que ya tenían helicópteros como el Mil Mi-6, diseñaron uno destinado a llevar cargas pesadas a mucha distancia: el Mil V-12. Se construyeron tan solo dos prototipos y, aunque el proyecto se abandonó por no cumplir con la especificaciones necesarias, sigue siendo el más grande que jamás haya volado en la historia.

Llevaba seis tripulantes a bordo y podía alcanzar hasta 220 km/h.

trampilla de acceso

puesto del navegante

pilotos

Radar terrestre, que registraba el terreno para evitar colisiones.

dormitorio

operador de radio/ ingeniero de vuelo

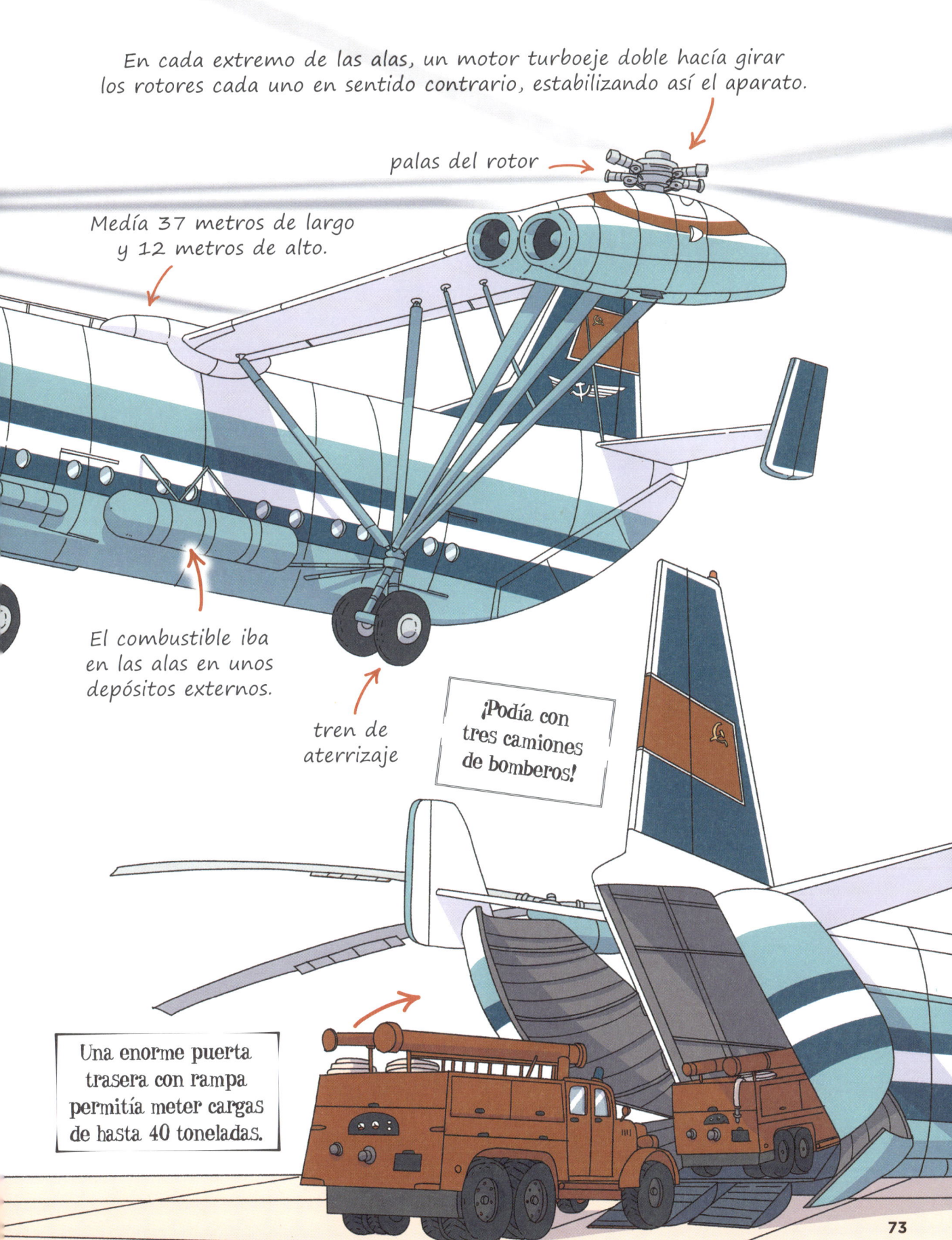

EL VALKYRIE

En los años 50 y 60, todos los ejércitos importantes del mundo buscaban construir cazas y bombarderos supersónicos más y más rápidos. En concreto, la búsqueda de un bombardero capaz de llevar misiles, nucleares incluso, lo más rápido y lejos posible formó parte de los planes tanto de la desaparecida Unión Soviética como de Estados Unidos, Gran Bretaña o Francia, entre otros.

Si bien hubo proyectos destinados a avión espía, como el famoso Lockheed SR-71, que salieron adelante, otros acabaron en fiasco. El caso más impresionante es el intento de construir un enorme bombardero supersónico capaz de volar a velocidades extremas y de atacar al enemigo: el North American XB-70 Valkyrie.

En 1964 voló por primera vez.

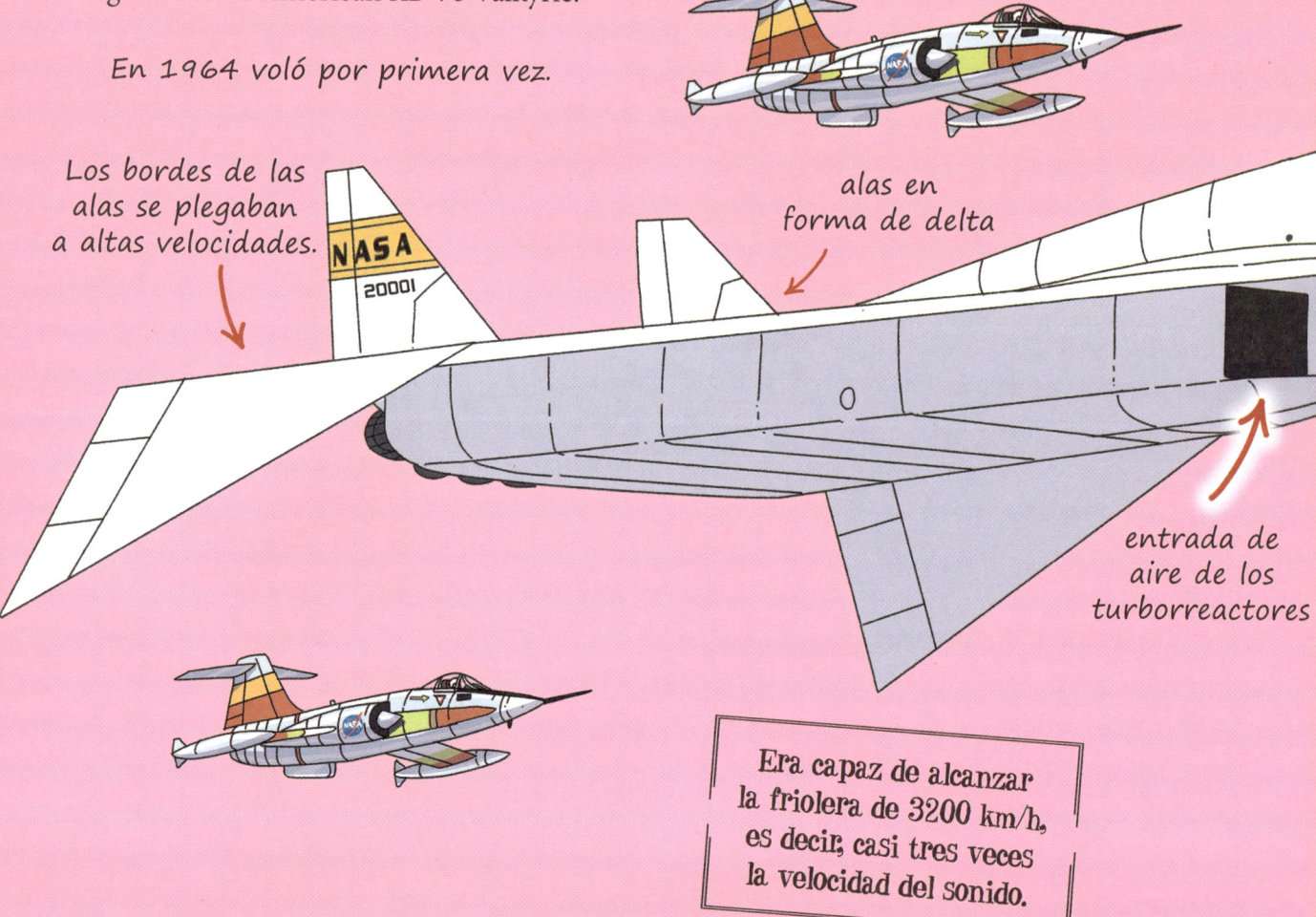

Los bordes de las alas se plegaban a altas velocidades.

alas en forma de delta

entrada de aire de los turborreactores

Era capaz de alcanzar la friolera de 3200 km/h, es decir, casi tres veces la velocidad del sonido.

El alto coste del programa, los continuos fallos y varios accidentes fatales llevaron a abandonar el proyecto. Solo se construyeron dos, y en la actualidad solo se conserva uno en un museo.

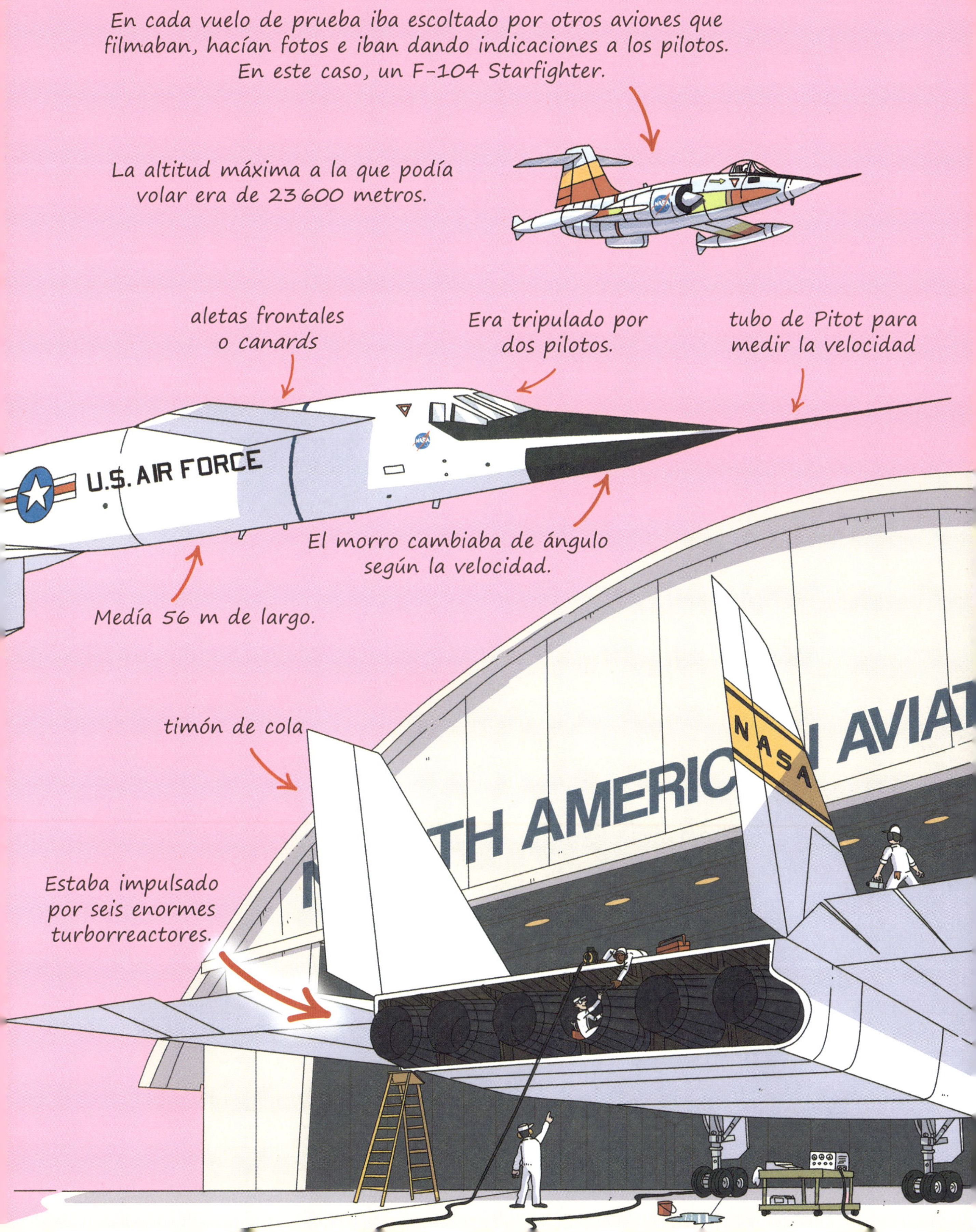

En cada vuelo de prueba iba escoltado por otros aviones que filmaban, hacían fotos e iban dando indicaciones a los pilotos. En este caso, un F-104 Starfighter.

La altitud máxima a la que podía volar era de 23 600 metros.

aletas frontales o canards

Era tripulado por dos pilotos.

tubo de Pitot para medir la velocidad

El morro cambiaba de ángulo según la velocidad.

Medía 56 m de largo.

timón de cola

Estaba impulsado por seis enormes turborreactores.

AERO SPACELINES SUPER GUPPY

Durante la década de 1960, tanto Estados Unidos como la Unión Soviética comenzaron una carrera imparable por lanzar cohetes al espacio, colocar satélites de todo tipo, mandar sondas y, como objetivo final, poner a un hombre en la Luna. Toda esta carrera supuso un desafío técnico (¡y una montaña de dinero gigante!) que necesitó de todo tipo de artilugios para llevarla a cabo.

Uno de los retos fue encontrar la manera de transportar ciertas piezas enormes de los cohetes que se lanzarían al espacio. Una de las soluciones propuestas para llevarlas más rápido fue utilizar aviones, pero no existía ninguno del tamaño necesario... Hasta 1965, cuando a la compañía Aero Spacelines se le ocurrió modificar uno para este fin: el Aero Spacelines Super Guppy. ¡Es tan útil y fuerte que hoy en día se sigue utilizando uno de ellos!

El avión es en realidad un Boeing 377 Stratocruiser, un avión de pasajeros grande y robusto, modificado para este fin.

cabina de los pilotos

La aeronave se parte en dos por la parte delantera, ¡algo parecido a la puerta de una nevera!

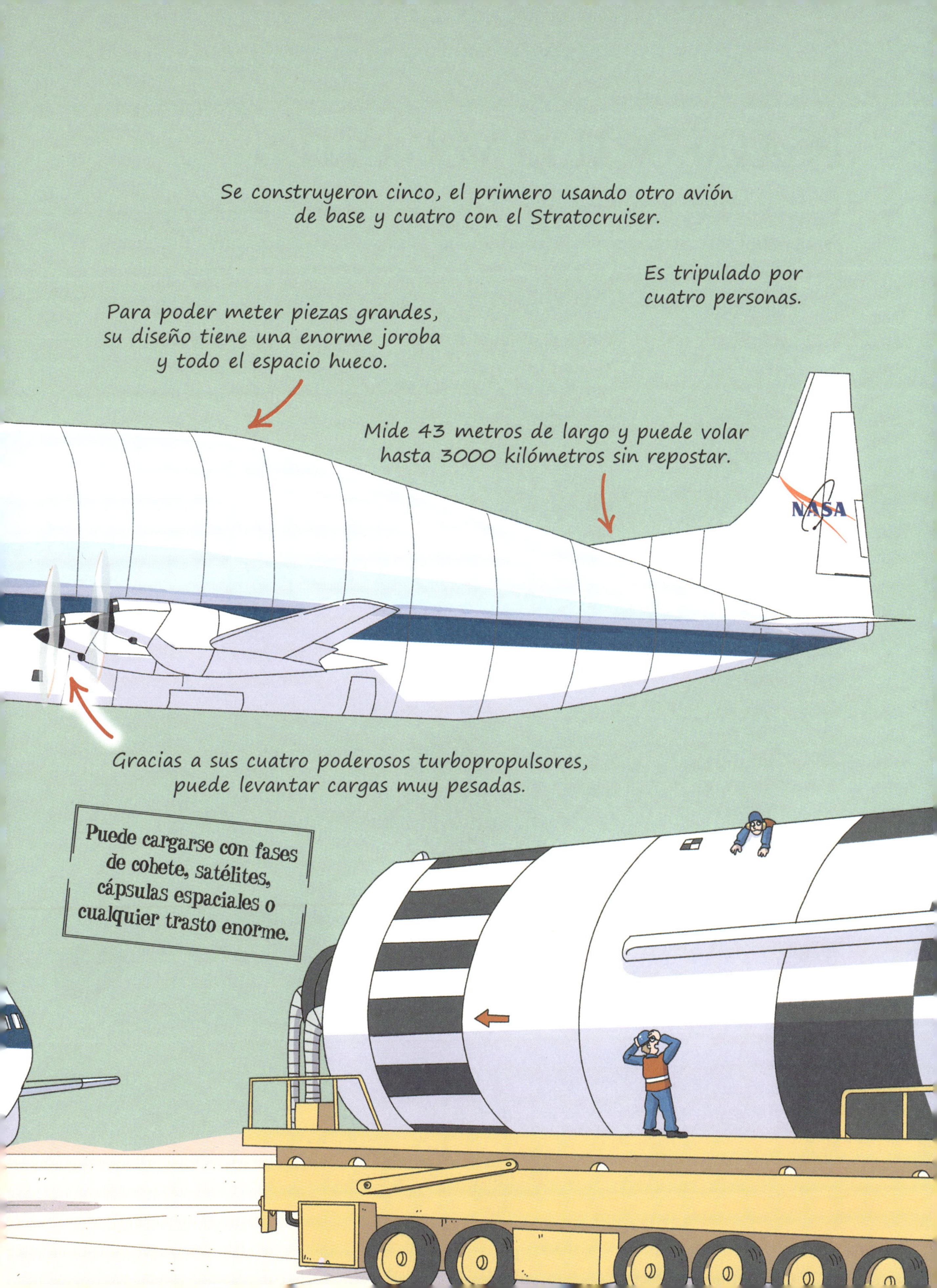

Se construyeron cinco, el primero usando otro avión de base y cuatro con el Stratocruiser.

Es tripulado por cuatro personas.

Para poder meter piezas grandes, su diseño tiene una enorme joroba y todo el espacio hueco.

Mide 43 metros de largo y puede volar hasta 3000 kilómetros sin repostar.

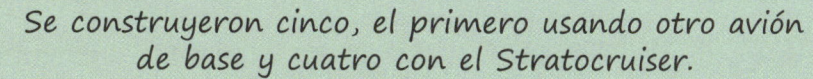

Gracias a sus cuatro poderosos turbopropulsores, puede levantar cargas muy pesadas.

Puede cargarse con fases de cohete, satélites, cápsulas espaciales o cualquier trasto enorme.

PLATAFORMAS VOLANTES

A principios de los años 50 del siglo XX, el ingeniero Charles H. Zimmerman, que trabajaba para una agencia estatal de investigación aeronáutica de los Estados Unidos, diseñó un sistema de control que permitía que las hélices de un helicóptero pudieran ser dirigidas con los movimientos naturales y el peso del piloto.

Este sistema, que se bautizó como *sistema de control cinestésico*, funcionaba con el mismo principio que las bicicletas: el conductor usaría su propio peso para inclinar el vehículo hacia los lados, guiándolo. Esto era muy interesante, ya que aprender a pilotar un helicóptero convencional, por pequeño que sea, requiere meses de entrenamiento; sin embargo, se pensaba que con este sistema un soldado podía aprender a pilotarlo con solo unas pocas lecciones, ya que, al fin y al cabo, era como llevar una bici. Con este sistema de guía, nacieron dos prototipos distintos que pretendían ser usados como minihelicópteros de reconocimiento.

Lackner HZ-1 Aerocycle

Era una tosca plataforma en la que el conductor estaba de pie encima de unas enormes aspas que giraban a toda velocidad.

El piloto solo tenía que echar su peso hacia el lado que quisiese para dirigirlo.

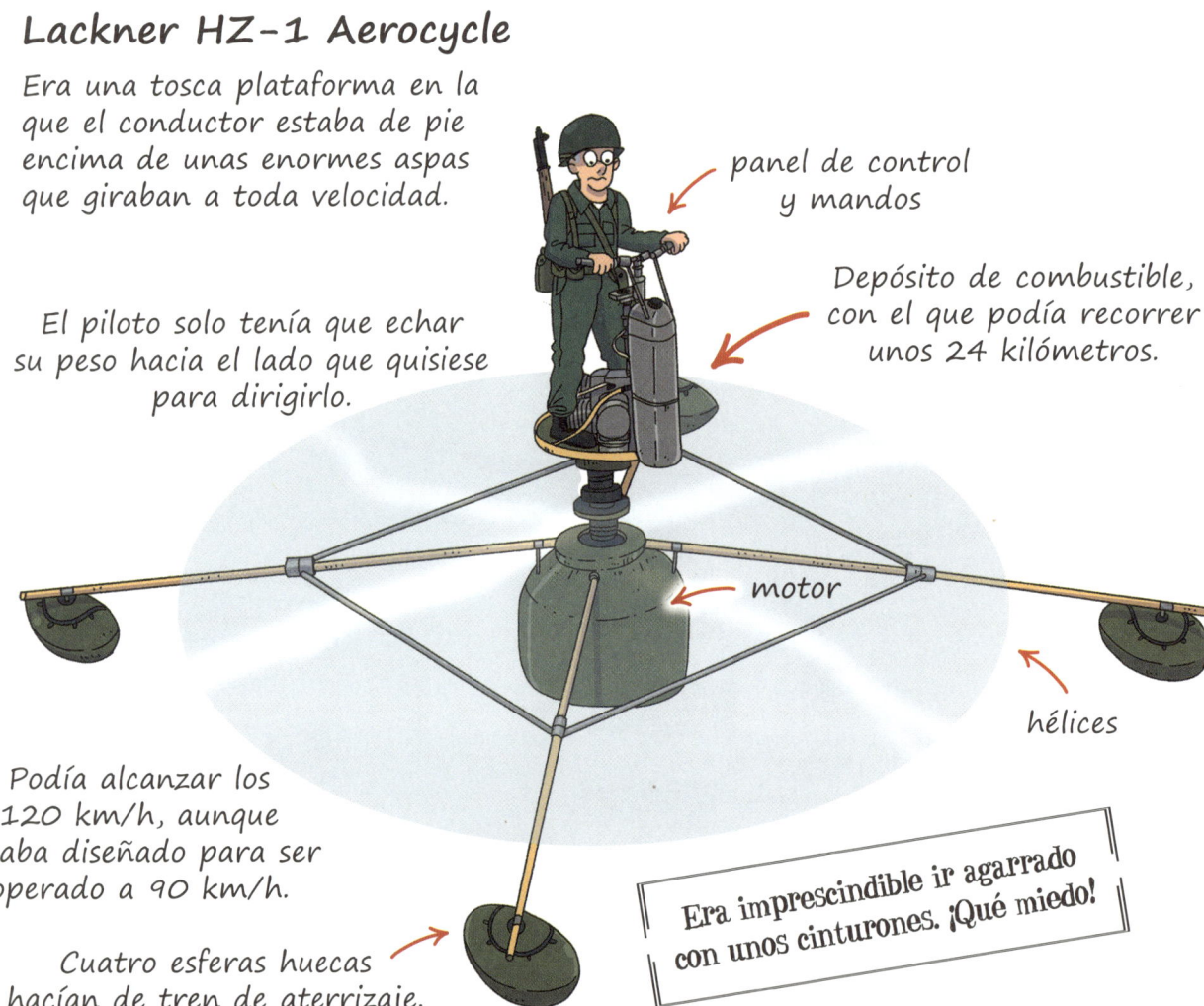

panel de control y mandos

Depósito de combustible, con el que podía recorrer unos 24 kilómetros.

motor

hélices

Podía alcanzar los 120 km/h, aunque estaba diseñado para ser operado a 90 km/h.

Cuatro esferas huecas hacían de tren de aterrizaje.

Era imprescindible ir agarrado con unos cinturones. ¡Qué miedo!

CONVERTIPLANOS: EL V-22

Ya hemos hablado del concepto VTOL y de su importancia para los ejércitos del mundo. Si bien los helicópteros han cubierto parte de las necesidades gracias a su capacidad de vuelo estático y de aterrizar y despegar de forma vertical, todavía a día de hoy no son capaces de alcanzar la misma velocidad que un avión.

La odisea de crear una aeronave capaz de volar tan rápido como un avión turbohélice tradicional y también de comportarse como un helicóptero se remonta a los años 50, y la idea ha permanecido inalterable: debía tratarse de una aeronave cuyos motores cambiasen de posición para volar bien como helicóptero o bien como avión. Suena simple, ¿verdad? Pues lograr esto de forma fiable ha supuesto unos cincuenta años de desarrollo y el resultado es un aparato que es único en todo el mundo: el Boeing V-22 Osprey.

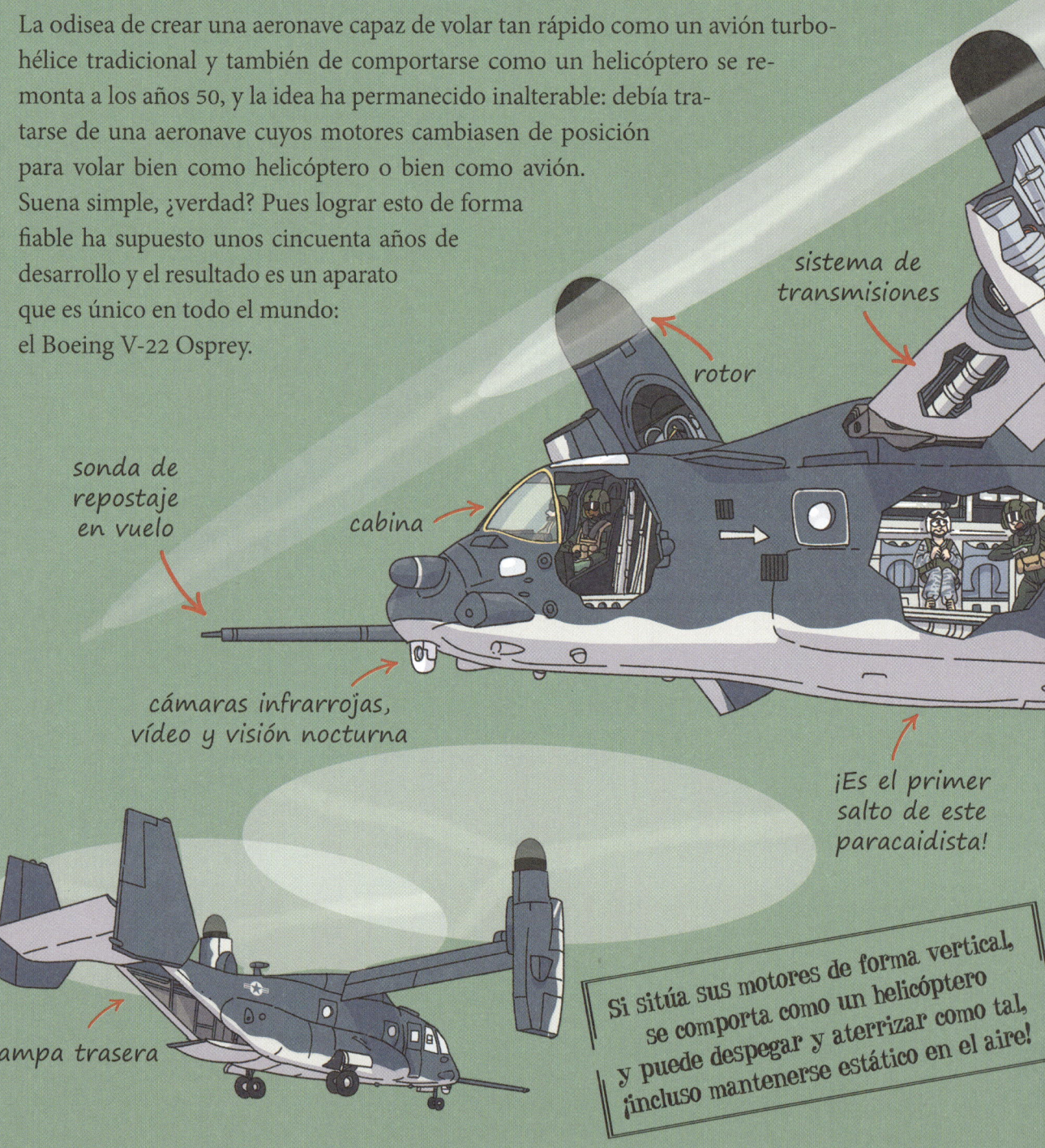

sistema de transmisiones

rotor

sonda de repostaje en vuelo

cabina

cámaras infrarrojas, vídeo y visión nocturna

¡Es el primer salto de este paracaidista!

rampa trasera

Si sitúa sus motores de forma vertical, se comporta como un helicóptero y puede despegar y aterrizar como tal, ¡incluso mantenerse estático en el aire!

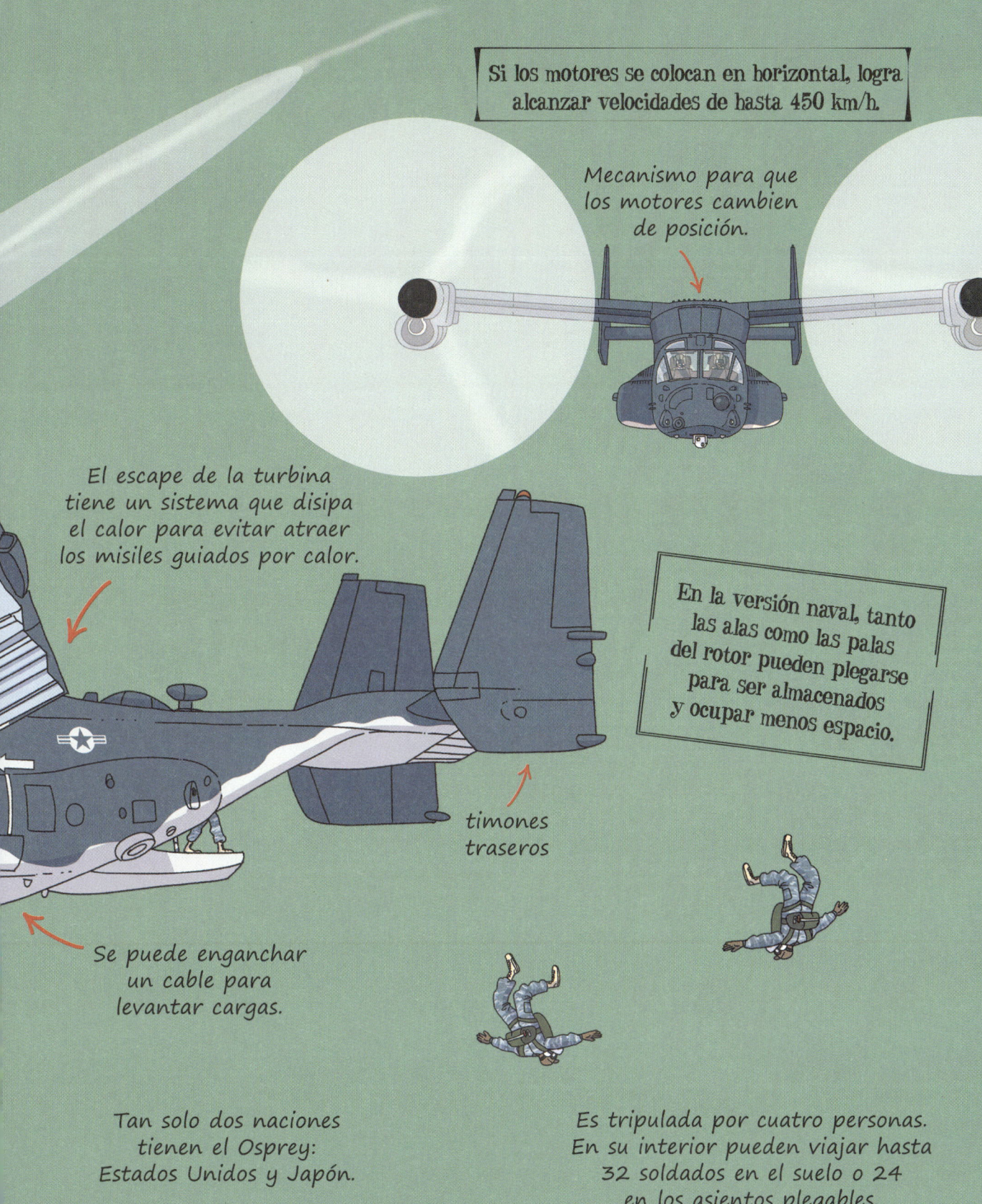

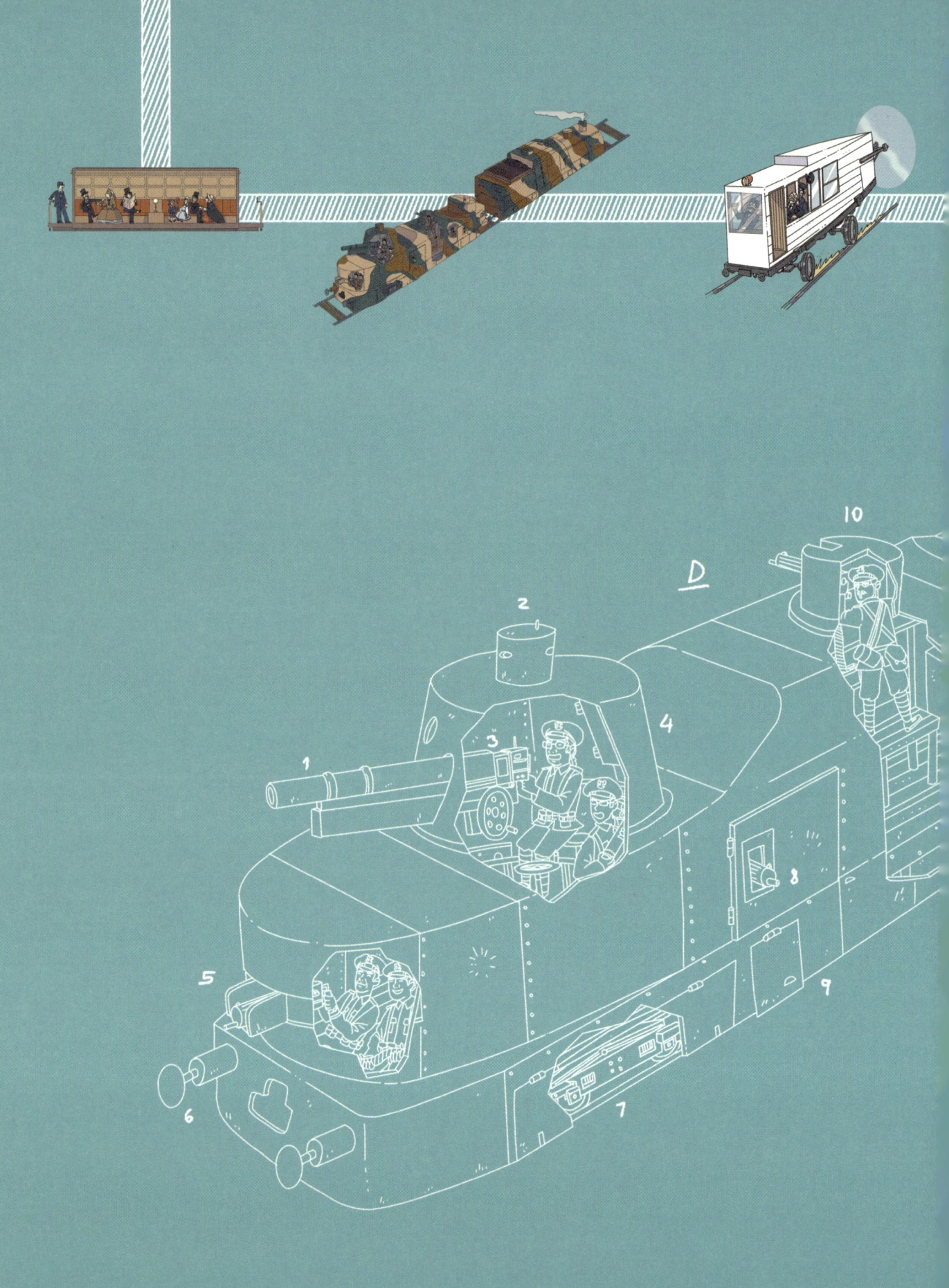

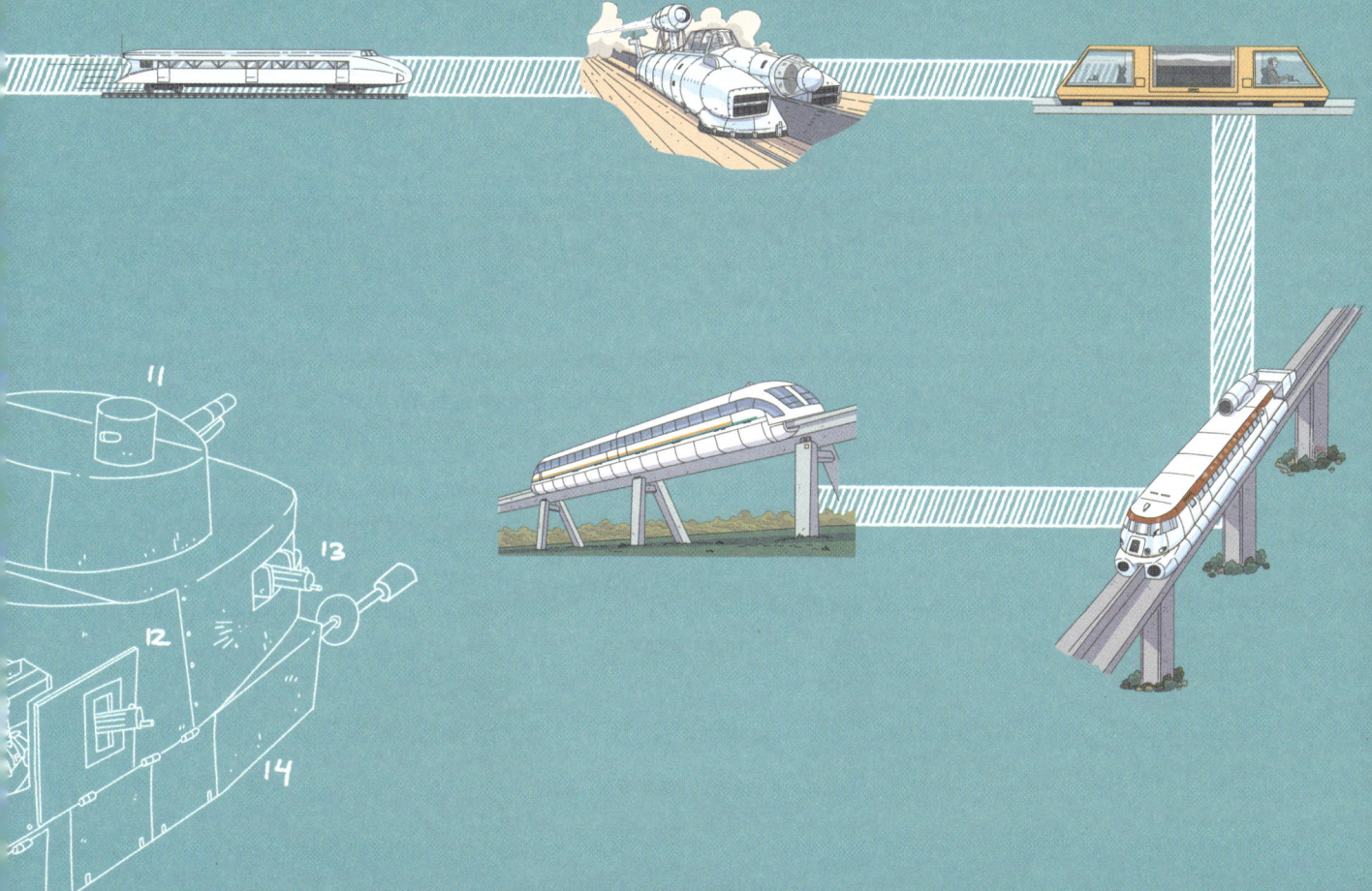

POR RAÍLES

EL TREN NEUMÁTICO

A mediados del siglo XIX, el tráfico de las grandes ciudades comenzó a ser un problema: gente por todas partes, carros de caballos con pasajeros y mercancías pasando sin cesar... Un caos que hacía que llegar de un punto a otro supusiera una pesadilla.

Así pues, se comenzaron a idear sistemas de ferrocarril subterráneo o de metro, como todos lo conocemos hoy. Londres fue la pionera en 1863 con la construcción de una primera línea, en la que los vagones eran de madera y la locomotora de vapor.

A lo largo del siglo XIX, otras ciudades construyeron sus líneas y los convoyes se fueron modernizando, pasando de funcionar con vapor a tener motores eléctricos, más limpios y eficientes, y aumentando el confort de los pasajeros con vagones más cómodos y seguros. Nueva York no fue una excepción, y en 1870 se comenzó a construir una línea de metro, solo que el sistema era muy distinto a los que surgirían en otros países: ¡este metro se movía con aire a presión!

Esta curiosa estación con esculturas y lámparas servía para recibir a los pasajeros del conocido como «tren neumático», diseñado por el inventor Alfred Ely Beach.

El conductor controlaba el coche con un simple freno de mano que accionaba cuando llegaba a una parada.

En el interior de cada coche cabían unas veinte personas.

El coche viajaba por unos raíles situados abajo y en los laterales, apoyándose en unas guías que había en el túnel que, al igual que el coche, tenían forma de tubo.

Sistema de tren neumático

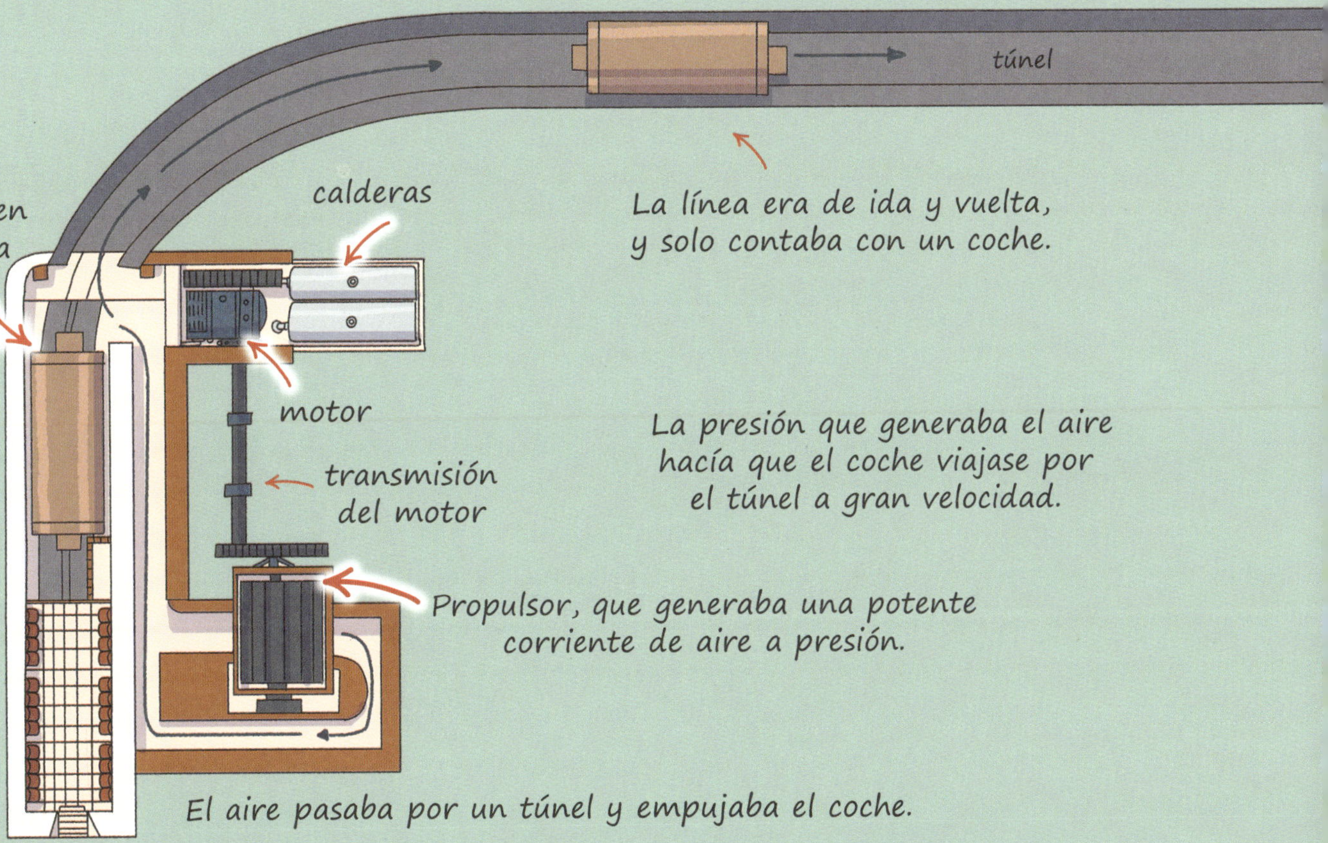

túnel

coche en espera

calderas

La línea era de ida y vuelta, y solo contaba con un coche.

motor

transmisión del motor

La presión que generaba el aire hacía que el coche viajase por el túnel a gran velocidad.

Propulsor, que generaba una potente corriente de aire a presión.

El aire pasaba por un túnel y empujaba el coche.

TRENES BLINDADOS

El ferrocarril, como ya sabes, supuso una gran revolución en cuanto al transporte de personas y cargamento se refiere. Llevar pesadas cargas de un lugar a otro sin obstáculos y a una velocidad importante permitió expandir el comercio y los viajes como nunca antes se había visto. A lo largo de las décadas, se construyeron miles y miles de kilómetros de ferrocarril para conectar fábricas, pueblos, ciudades y hasta países, con líneas cada vez más largas... Hasta que llegó la guerra.

En Estados Unidos, donde ya existía una vasta red ferroviaria, durante la guerra de Secesión de 1860 ambos bandos se dieron cuenta de que los trenes eran muy útiles para transportar a los soldados al frente y para abastecerlos. Con el fin de entorpecer estos envíos, los trenes pasaron a ser objetivos de ataques militares. Así surgieron los trenes de guerra, en un principio simples trenes reforzados con sacos y maderas que después se convertirían en auténticas bestias de metal con cañones y ametralladoras.

Durante los siglos XIX y XX, los trenes blindados fueron cruciales en conflictos de todo el mundo y muchos países construyeron los suyos.

El tren blindado PP-52

Se construyó en Polonia en 1919.

vagón artillado delantero

locomotora blindada

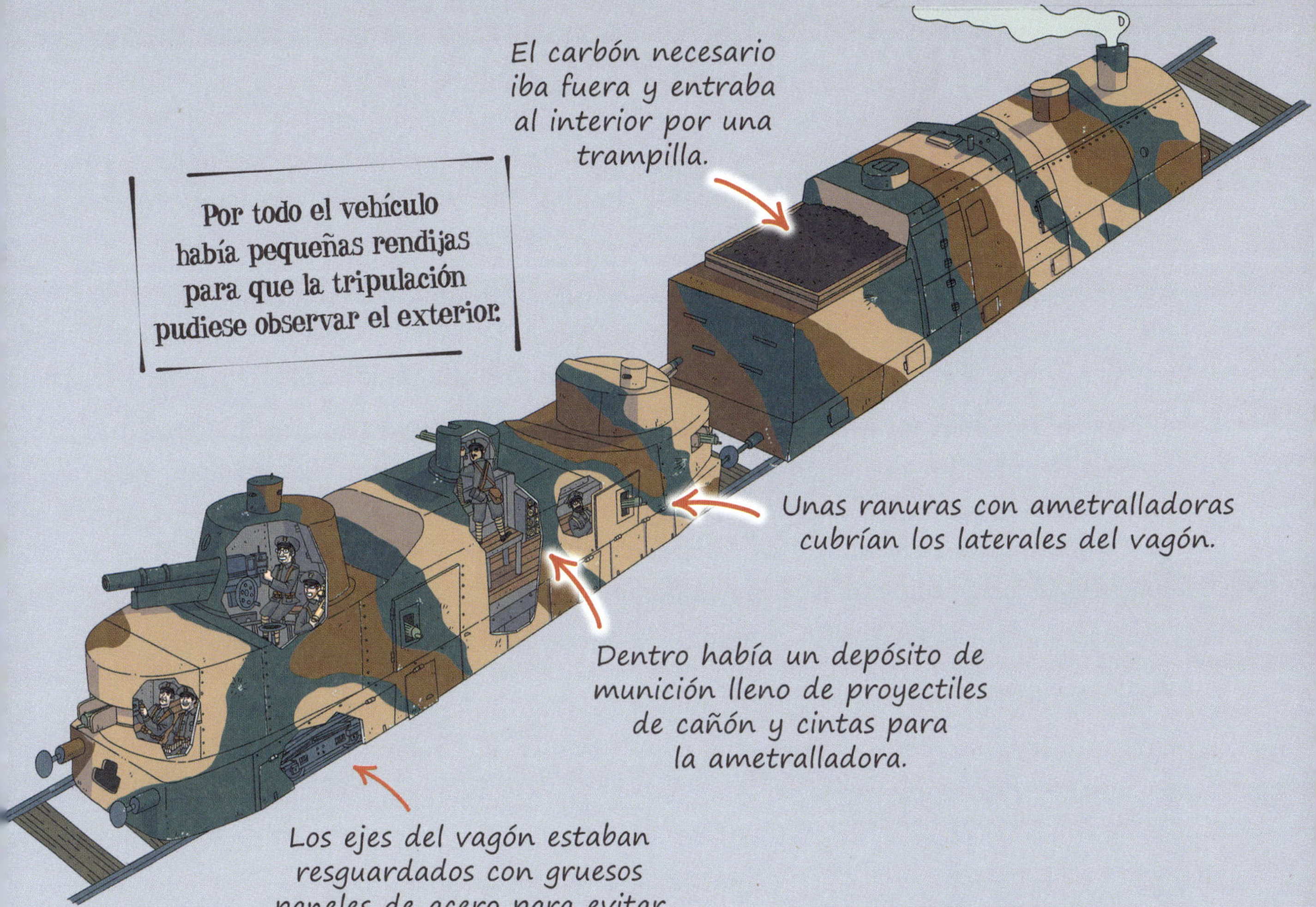

El carbón necesario iba fuera y entraba al interior por una trampilla.

Por todo el vehículo había pequeñas rendijas para que la tripulación pudiese observar el exterior.

Unas ranuras con ametralladoras cubrían los laterales del vagón.

Dentro había un depósito de munición lleno de proyectiles de cañón y cintas para la ametralladora.

Los ejes del vagón estaban resguardados con gruesos paneles de acero para evitar que los destruyesen.

Tenía torretas con cañones que giraban como las de los tanques.

vagón de infantería

vagón artillado trasero

EL SCHIENENZEPPELIN

Desde la invención del ferrocarril allá a finales del siglo XVIII, el sistema más común para propulsar las locomotoras era, por regla general, el vapor. Esto suponía que las máquinas fueran enormes, pesadas y necesitaran cargar un montón de carbón y de agua para funcionar.

Con el inicio de la aviación, ya en el siglo XX, surgió la idea un tanto disparatada de mover simples vagones de tren con... ¡motores de avión! Parece ser que la primera vez que esto ocurrió fue durante la Primera Guerra Mundial, y la idea continuó desarrollándose poco a poco.

Quizás el más famoso es el Schienenzeppelin, diseñado por el ingeniero alemán Franz Kruckenberg en 1929. Este tren suponía un cambio radical, pero pese a sus buenos resultados, no acabó cuajando y el proyecto se abandonó. Sin embargo, su trabajo no fue en vano, pues sirvió de inspiración para otros ingenieros. Muchos de sus principios, sobre todo aerodinámicos, se aplicaron en los actuales trenes de alta velocidad.

Aerovagón

Uno de los primeros aerotrenes fue construido en la Unión Soviética. Era conocido como aerovagón y fue diseñado por el ingeniero letón Valerián Abakovski.

Era un pequeño vagón con capacidad para 22 ocupantes.

Se desplazaba gracias a un motor de aviación que se le había acoplado.

Durante un viaje desde Moscú a Tula, el artefacto descarriló cuando viajaba a gran velocidad y muchos de sus ocupantes resultaron heridos o muertos, incluido el inventor del trasto.

¡Podía alcanzar 140 los km/h! Más rápido que un coche de su época.

Schienenzeppelin

El nombre no es casualidad, ya que estaba construido con una estructura muy parecida a la de un dirigible o zepelín, pero andaba sobre raíles como un tren.

ventilación del motor

El morro se diseñó para ofrecer la menor resistencia al aire. Trenes modernos como el AVE o el TGV se parecen mucho.

cabina del conductor

Tenía un motor aeronáutico de gasolina BMW VI de 12 c.c. y 600 CV.

Medía 25 metros y estaba pensado para llevar 40 pasajeros.

luces delanteras

¡Durante una prueba en 1931 logró viajar a 230,2 km/h!

Daba miedo que una enorme hélice estuviese tan cerca de la gente en los andenes. Eso sin contar el ruido y el viento que generaba. Un único prototipo se construyó en 1929 y se desguazó en 1939.

hélice

luz trasera

AEROTRENES

Si crees que el Schienenzeppelin era una idea un poco disparatada, la cosa no acabó ahí. En la década de 1960, se diseñaron nuevos y locos prototipos de trenes que alcanzaran grandes velocidades utilizando ¡turborreactores de avión!

En Estados Unidos, por ejemplo, se improvisó un tren acoplando dos enormes reactores a un vagón normal; también en la Unión Soviética probaron a hacer algo parecido, aunque sin demasiado éxito.

El proyecto que más prosperó fue el aerotrén, del francés Jean Bertin. Su idea era más sofisticada, ya que proponía aprovechar el colchón de aire generado por el conocido como «efecto suelo». Sin embargo, exigía un cambio tan grande en las infraestructuras de Francia que el proyecto no se implantó.

Aerotrain 02

Así se llamó el primer prototipo, que tenía aspecto de coche futurista.

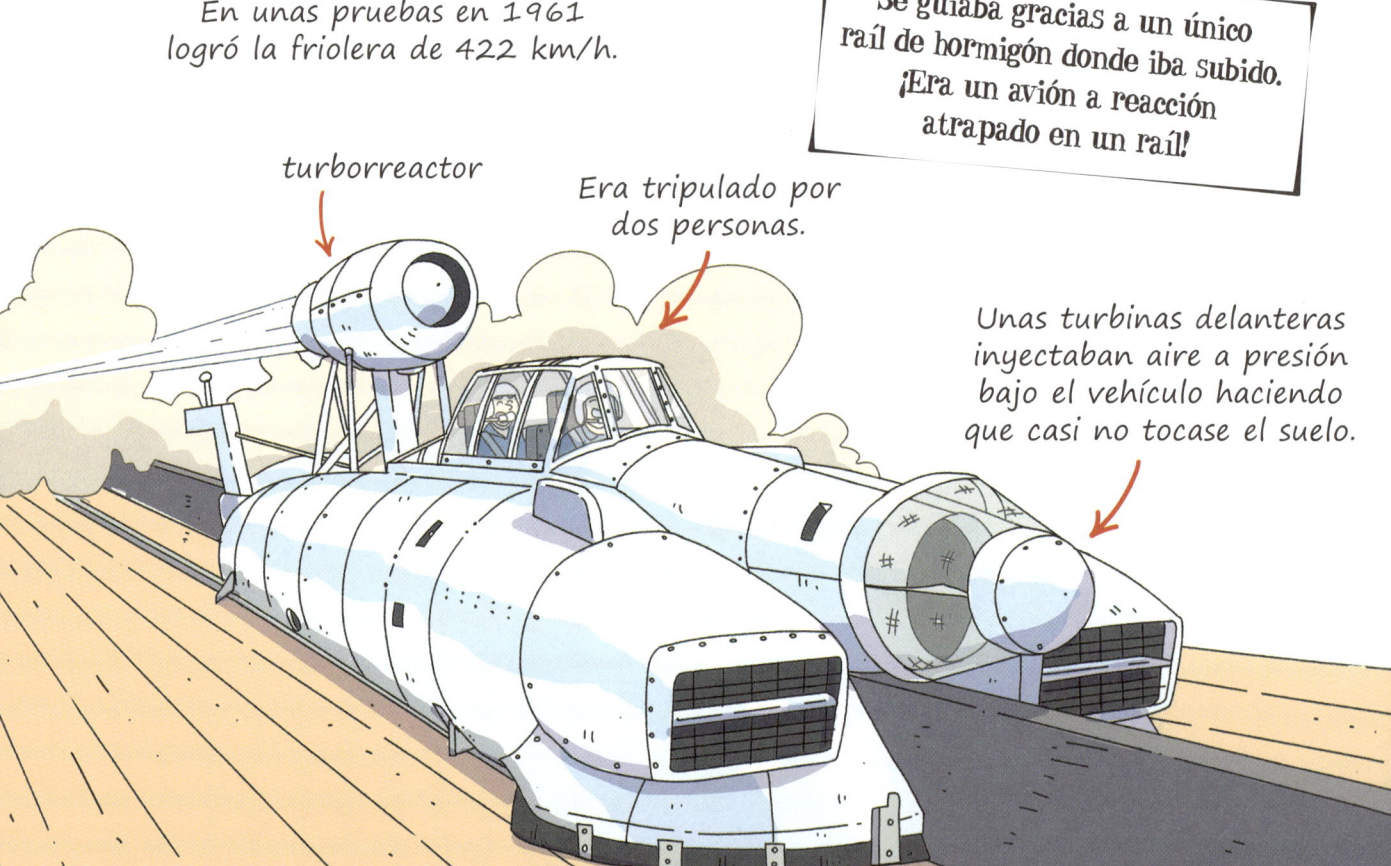

En unas pruebas en 1961 logró la friolera de 422 km/h.

Se guiaba gracias a un único raíl de hormigón donde iba subido. ¡Era un avión a reacción atrapado en un raíl!

turborreactor

Era tripulado por dos personas.

Unas turbinas delanteras inyectaban aire a presión bajo el vehículo haciendo que casi no tocase el suelo.

Aerotrain I-80

En 1969 se construyó una línea experimental de 18 kilómetros cerca de París donde este aerotrén haría sus pruebas.

Viajaba sobre raíl de hormigón en forma de T invertida.

El I-80 comenzó moviéndose con una enorme turbohélice con la que alcanzaba los 250 km/h, pero pronto se cambió por un turborreactor con el que podía lograr hasta 430,4 km/h.

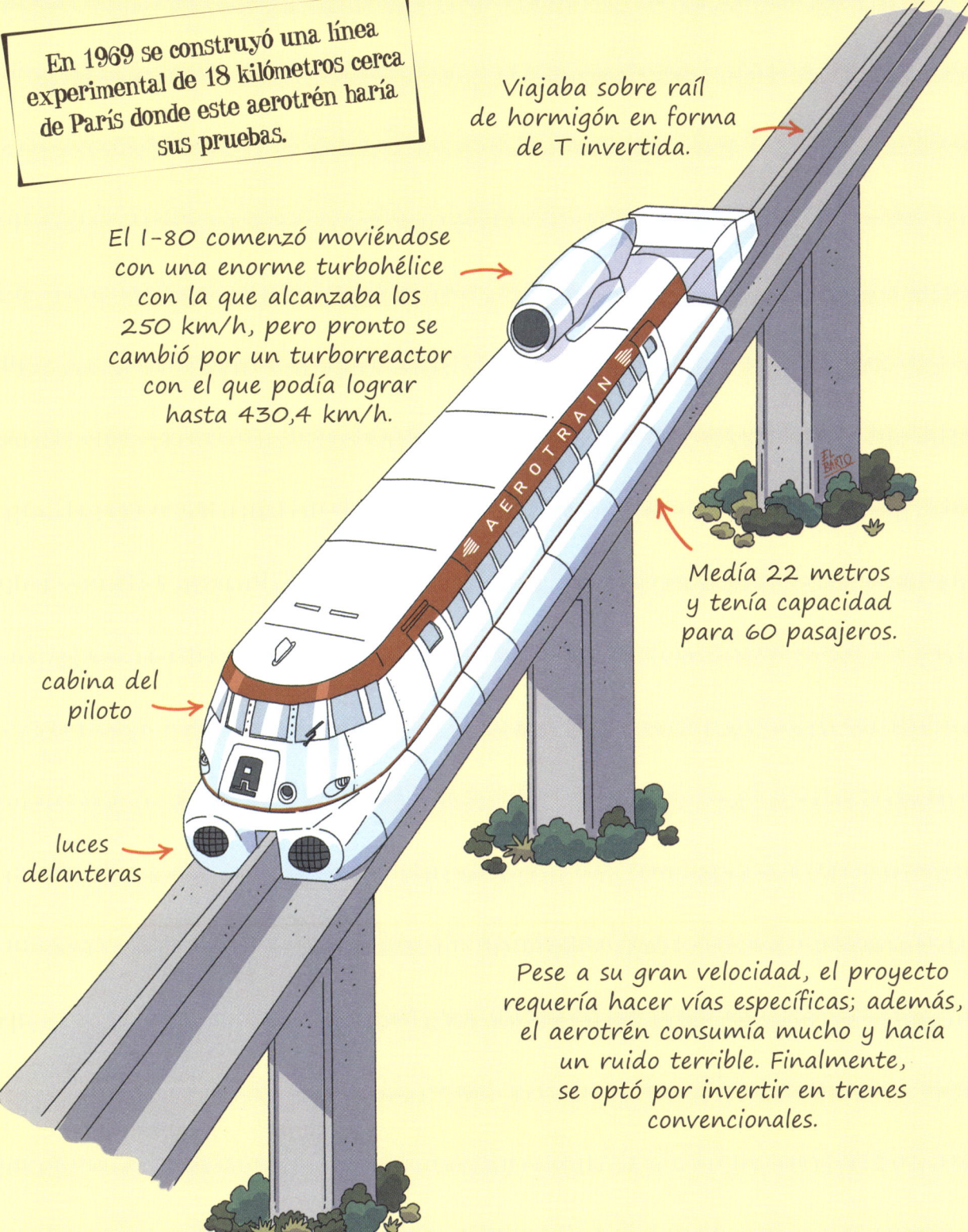

Medía 22 metros y tenía capacidad para 60 pasajeros.

cabina del piloto

luces delanteras

Pese a su gran velocidad, el proyecto requería hacer vías específicas; además, el aerotrén consumía mucho y hacía un ruido terrible. Finalmente, se optó por invertir en trenes convencionales.

EL TREN DE LEVITACIÓN MAGNÉTICA

En la constante búsqueda por conseguir un tren rápido y eficiente, muchos ingenieros han apostado por sistemas radicales de propulsión: ya hemos visto aire a presión, vapor, potentes turbohélices y reactores como los de los aviones.

En la década de 1940, el ingeniero Eric Laithwaite diseñó el primer motor de inducción lineal. Este sistema conseguía que el motor generara, en vez de un giro sobre sí mismo, una propulsión hacia adelante. Suena extraño, ¿verdad? En resumen, logró que dos piezas magnéticas pudiesen desplazarse una sobre otra levitando, es decir, ¡sin tocarse! Esto hizo pensar a muchos ingenieros que quizás sería un buen método para mover un tren sin que este hiciera fricción con la vía, creando así una máquina más eficiente. Este tipo de trenes no son comunes, aunque se están logrando grandes avances en este campo y alcanzando velocidades de locura: ¡600 km/h!

Uno de los proyectos de MagLev (abreviación de «levitación magnética») fue el sistema Transrapid, desarrollado en Alemania en los años 60.

Transrapid 1

Fue el primer prototipo. Se puso a prueba en un pequeño trazado con resultados satisfactorios.

Se presentó al mundo en 1971 y logró alcanzar los 90 km/h.

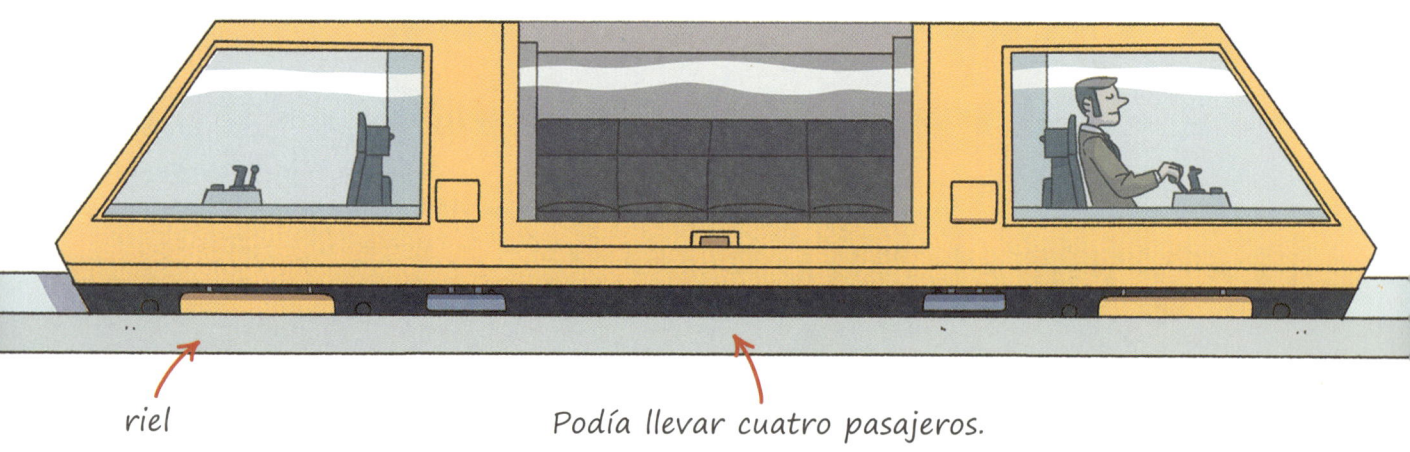

riel

Podía llevar cuatro pasajeros.

cabina del tren

En el carril guía hay unos potentes imanes que repelen a los situados en la parte baja del tren, haciendo que este levite a unos 10 mm de la guía y se desplace al aplicarle electricidad.

imán guía

imán de levitación y movimiento

El estator genera la corriente para que el tren avance.

Los rieles van apoyados en unos pilares de cemento.

Transrapid 06

Los trenes MagLev son muy silenciosos, rápidos y eficientes, pero requieren, como ya sospecharás, una gran inversión, pues es necesario construir unas vías completamente nuevas.

Este tren podía alcanzar los 400 km/h.

GLOSARIO

Aluminio: elemento químico metálico, ligero, maleable y resistente a la corrosión, muy utilizado en la fabricación de estructuras y objetos diversos.

Amortiguador: dispositivo utilizado en vehículos que sirve para disminuir el efecto de las irregularidades del terreno o la frenada, contribuyendo a mantener la estabilidad y la comodidad.

Antártida: continente situado en el extremo sur de la Tierra, cubierto en su mayor parte por hielo.

Benito Mussolini: político italiano que lideró el Partido Nacional Fascista. Fue primer ministro desde 1922 hasta 1943 y estableció un régimen totalitario en Italia.

Canard: alas ubicadas delante de las alas principales; controlan la sustentación del avión.

Círculo Polar Ártico: área que atraviesa varios países y regiones en el hemisferio norte, como Alaska, Siberia o Groenlandia, que está muy cercana al Polo Norte.

Convoy: grupo de barcos o vehículos que viajan juntos, especialmente con el propósito de brindarse mutua protección y seguridad. Se utiliza durante conflictos militares para el transporte de suministros.

Diésel (motor): motor de combustión interna que utiliza un combustible del mismo nombre y que es usado en vehículos y maquinaria pesada debido a su eficiencia y potencia.

Fuselaje: parte principal de una aeronave que conecta las alas y la cola. Alberga la cabina de mando, la carga útil y los pasajeros.

Góndola: estructura suspendida debajo de un dirigible o globo aerostático que contiene la carga, pasajeros y equipo de la aeronave.

Guerra de Independencia norteamericana: Conflicto armado que tuvo lugar entre 1775 y 1783, en el que las trece colonias británicas en América del Norte buscaron su independencia de Gran Bretaña. Tras la guerra, se formaron los Estados Unidos de América.

Guerra de Vietnam: conflicto bélico que tuvo lugar entre 1955 y 1975, en el cual Vietnam del Norte, apoyado por el bloque comunista, luchó contra Vietnam del Sur, respaldado por EE. UU. y otras naciones aliadas.

Guerra Fría: período de tensión política y militar entre EE. UU. y la Unión Soviética. Se extendió aproximadamente desde el final de la Segunda Guerra Mundial hasta la disolución de la Unión Soviética en 1991.

Hangar: estructura cerrada utilizada para almacenar, mantener y reparar aeronaves.

Hélice: dispositivo rotativo que genera empuje. Es utilizado en aviones y embarcaciones para su propulsión.

Lastre: peso utilizado para equilibrar o estabilizar una embarcación, aeronave o estructura.

Mástil: estructura vertical sobre la cubierta de una embarcación. Se usa normalmente para sostener velas.

Misil: proyectil autopropulsado utilizado para atacar objetivos a distancia, comúnmente equipado con sistemas de guía para dirigir su trayectoria hacia el objetivo.

Neolítico: período de la Edad de Piedra caracterizado por el desarrollo de la agricultura y la domesticación de animales. Marca la transición de las sociedades de cazadores y recolectores a comunidades agrícolas sedentarias.

Planeador: aeronave sin motor diseñada para planear a través del aire aprovechando las corrientes.

Portaviones: buque de guerra diseñado para transportar y operar aeronaves militares. Proporciona una plataforma móvil desde la cual lanzar y recuperar aviones.

Primera Guerra Mundial: conflicto bélico que tuvo lugar entre 1914 y 1918 entre las principales potencias mundiales de la época. Estuvo marcado por la introducción de nuevas tecnologías y tácticas militares.

Propulsor: dispositivo utilizado para proporcionar empuje o tracción a un vehículo.

Prototipo: modelo inicial de un dispositivo o producto, utilizado para probar su funcionalidad y diseño.

Radar: sistema de detección que utiliza ondas de radio para determinar la distancia, dirección y velocidad de objetos distantes. Se usa en aplicaciones militares, de navegación y meteorológicas, entre otras.

Revolución de 1917: revolución que tuvo lugar en Rusia en 1917 que derrocó al régimen zarista y estableció el gobierno comunista liderado por Lenin.

Rotor: componente giratorio de una aeronave que proporciona elevación y control direccional.

Supersónico: que viaja a una velocidad mayor que la del sonido.

Segunda Guerra Mundial: conflicto bélico que tuvo lugar entre 1939 y 1945 en el que se vieron involucradas la mayoría de las naciones del mundo. Estuvo marcado por una amplia movilización de fuerzas militares.

Timón: superficie de control ubicada en la parte posterior de una embarcación o aeronave. Se utiliza principalmente para controlar la dirección y estabilidad.

Tren de aterrizaje: conjunto de ruedas, amortiguadores y dispositivos de soporte que permiten a una aeronave moverse en tierra y realizar despegues y aterrizajes.

Tungsteno: elemento químico metálico conocido por su alta densidad y resistencia al calor.

Turbina: dispositivo que aprovecha la energía de un fluido en movimiento, como agua, vapor o aire, para generar energía mecánica o empuje en el caso de vehículos.

Turboeje: tipo de motor de turbina que utiliza una combinación de compresores, combustión y turbinas para generar energía mecánica. Se usa generalmente en helicópteros y aeronaves de ala fija.

Turborreactor: tipo de motor de reacción que funciona mediante la compresión, la combustión y la expansión de gases. Se utiliza en aviones de combate y otros vehículos de alta velocidad.

Turbohélices: motor de turbina que impulsa una hélice, proporcionando así una combinación de la eficiencia de las hélices y la potencia de los motores a reacción.

Unión Soviética: estado socialista que existió desde 1922 hasta 1991. Durante el siglo XX, ocupó un vasto territorio en Eurasia y desempeñó un papel importante en la geopolítica mundial.

VTOL *(Vertical Take-Off and Landing):* tecnología que permite a una aeronave despegar, volar y aterrizar verticalmente sin necesidad de una pista de despegue o aterrizaje convencional.

Zepelín: dirigible rígido desarrollado a principios del siglo XX por el conde Ferdinand von Zeppelin. Se utilizó para el transporte de pasajeros y carga, así como para fines militares en la Primera Guerra Mundial.

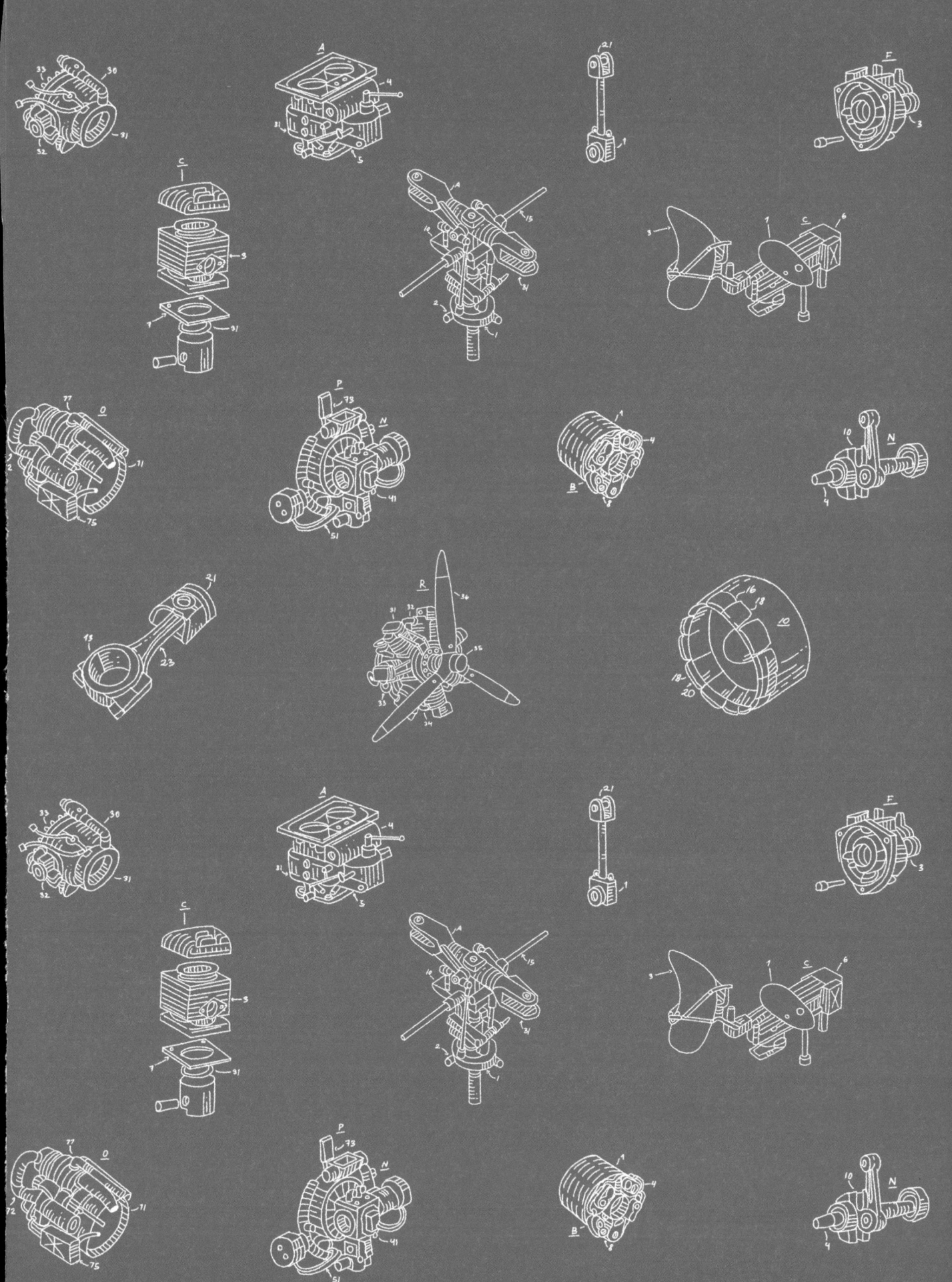

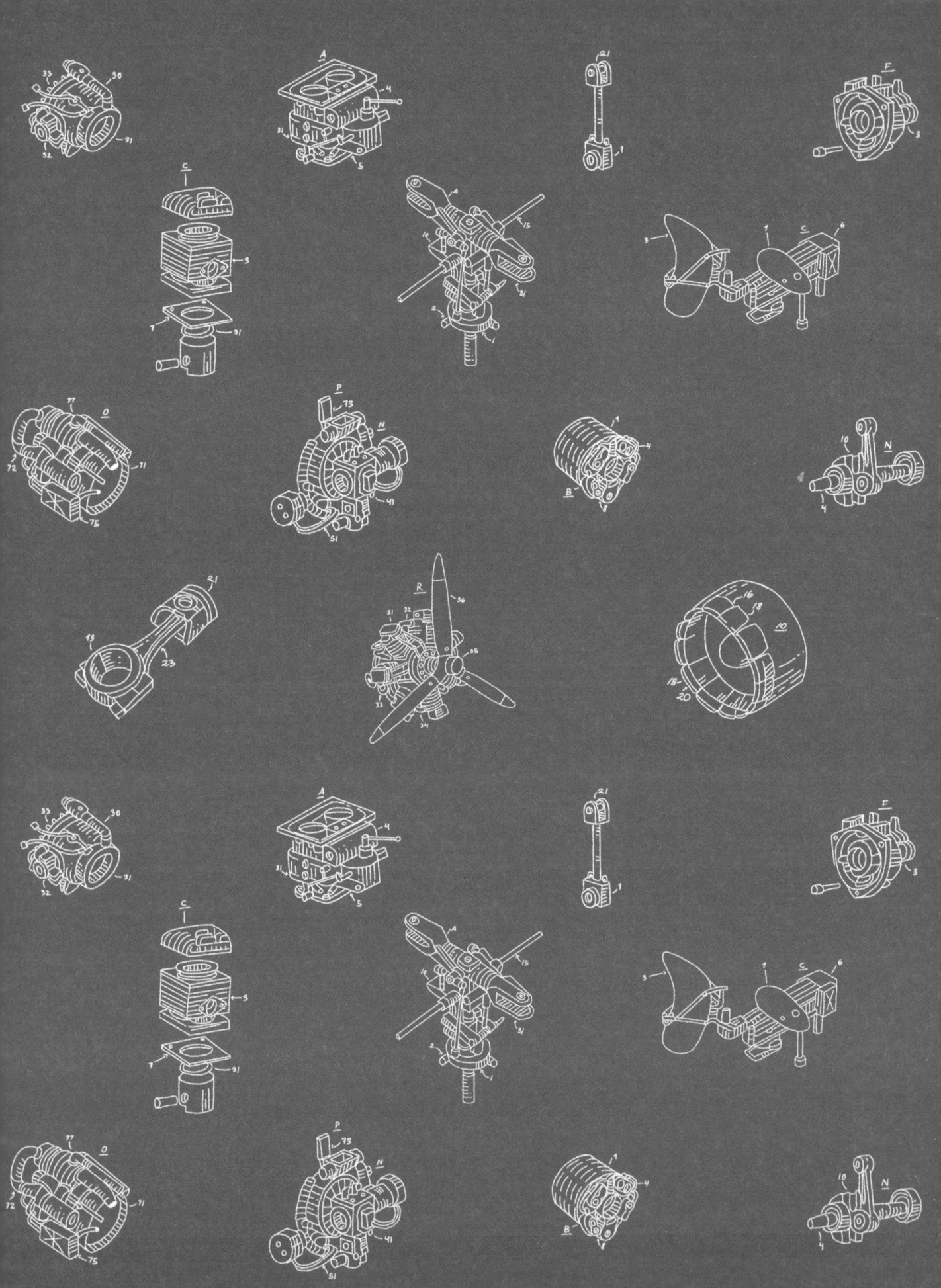